KB094835

당신의 관계에 / 정리가 필요할 때

絕交不可惜，把良善留給對的人

당신의 관계에 / 정리가 필요할 때

모두에게 잘하려 노력했는데
진짜 내 사람이 없는 것 같다고 느낀다면

윌리엄 찡 지음 ― 남명은 옮김

더퀘스트

자유롭고 편안한
인간관계를 위하여

어렸을 때 나는 항상 누군가와 친해지려 노력했다. 혼자가 두려워 무조건 타인을 받아들이고 어울리는 데 급급했다. '자고로 삶이란 시끌벅적해야 하지', 편안해야 할 내 공간을 출퇴근길 지하철 안처럼 사람들로 복작거리게 만들었다. 그 때문인지 나는 내 공간에 있으면서도 가끔 숨쉬기가 버거웠다.

서른하고도 몇 해가 지나고 이 세상 나쁜 일이란 나쁜 일은 모두 나에게만 일어나는 것처럼 견디기 힘든 시기가 있었다. 형언할 수 없는 불안과 슬픔으로 밤마다 괴로웠다. 그때마다 누군가에게 내 심정을 털어놓고 위로받고 싶었다. 하지만 결국 아무에게도 이야기하지 못했다. 휴대전화를 집어 들었다가도 혹시 상대에게 폐를 끼칠까 봐 얼른 내려놓기 일쑤였다. 통화 버튼을 누를 용기가 없어 침대 구석에 웅크려 긴급 연락처 화면을 들여다보기만 했다. 애꿎은 모바일 메신저 앱만 열었다 닫았다. '정말 많은 것을 갖고 있다고 생각했는데 마음 터놓고 이야기할 사람이 없다니', 빈털터리가 된 기분이었다.

현대인이라면 누구나 거대한 관계의 사슬에 지배당하며 산다. 사회생활을 하면 할수록 관계는 넓어지고 주변 사람도 많아진다. 그런데 이상하게도 나는 관계를 맺으면 맺을수록 외로움이 커져 갔다. 누군가 곁에 있어도 여전히 혼자인 것 같고, 동시에 자유롭지 못함을 느꼈다.

왜 그랬을까? 내가 원하는 관계는 진심으로 감정을 나누고 서로를 위하는 것이었기 때문이다. 나는 온전히 나로 있어도 안전한 사이를 원했다. 하지만 성인이 된 이후에 맺게 된 인연 중에는 '우리'라는 이름으로 어쩔 수 없이 얽히거나 피상적인 소통으로 만들어진 것들이 꽤 있었다.

오래 알아온 사람들도 비슷했다. 바뀐 각자의 상황과 처지에 따라 관계에도 변화가 필요했는데 그러지 못했다. 과거의 추억에만 머물렀다. 그러다 보니 몇몇 오랜 친구들과 만날 때 겉도는 대화와 이름 모를 눈치 싸움에 기가 빨려 녹초가 되곤 했다.

애매한 깊이의 관계는 깨지기 쉽다. 진정한 감정 교류가 어렵기 때문이다. 그래서 온전히 나로 있을 수 없다. 불현듯 연락처 목록을 보다가 허탈해진 나처럼 결국 스스로에게 상처만 주게 된다. 관계 맺음이 아주 중요한 문제 같았지만, 관계가 아무리 중요해도 나 자신보다 중요하지 않은 법, 결국 나는 내 삶을 보다 자유롭고 편안하게 만들기 위해 관계를 재정립해야 했다.

우리 가운데 어느 누구도 수많은 관계를 움켜쥔 채 살 수 없다. 모든 사람에게 잘하려는 노력은 타인의 기대에만 부응하게 만들고 나 자신을 잃게 만들기 때문이다. 이것이 나의 시간과 에너지, 친절과 진심을 의미 있는 사람에게만 베풀어야 하는 이유다. 거친 세상을 살아갈 힘과 용기는 내가 나로 있어도 곁을 지켜주는 사람들과의 관계 속에서만 얻을 수 있다.

이 책은 이별과 화해, 그리고 재회에 관한 마흔여덟 편의 이야기를 담고 있다. 10여 년간 에디터로 예술가, 사업가, 연예인 등 수많은 사람을 만나고 교류하면서 겪어온 나의 경험을 바탕으로 하고 있다. 그리고 내 이야기에 공감해 어렵게 자신의 경험을 공유해준 사람들의 이야기도 더했다. '우리'의 이야기를 담았으니. 이 이야기들을 읽는 것만으로 혼자가 아니라는 위로와 공감을 얻을 수 있으리라 믿는다. 인간관계에 너무 많은 기력을 소모하는 사람, 사람 때문에 늘 상처받고 힘들어하는 사람이라면 이 책에서 자신에게 도움이 되는 관계를 알아보는 법, 믿을 만한 사람과 교제하는 법, 잘라낼 수 없는 관계일 경우 화해와 보완을 통해 좋은 쪽으로 이끌어가는 방법 등의 조언을 얻을 수 있을 것이다.

어릴 때는 모든 사람과 잘 지내려 아등바등했다. 하지만 지금은 조금 생각이 다르다. 어쭙잖은 관계들에 신경쓰느라 진짜 소중한 사람과의 시간을 놓쳐서는 안 된다. 점점 나이 들고 바빠지는데, 우리는 우리의 시간을 좀 더 좋은 인연들과 함께해야 한다. 그래야 인생이 한결 편안해지고 행복해질 수 있다. 더 이상 인간관계에 대한 고민 없이 홀가분하고 자유로운 인생을 만들 수 있기를.

차례

Chapter

1

정말로 좋은 사람을
곁에 두기 위한 관계 원칙

Chapter

2

사랑을 제대로 시작하고
오래 지키기 위한 관계 원칙

내가 나로 살아가기 위한
관계 원칙

정말로
좋은
사람을

곁에 두기
위한
관계 원칙

인간관계에
대하여

인간관계 문제는 대부분 견해 차이에서 비롯된다. 상대의 생각과 내 생각이 언제나 같을 수는 없고, 이를 협의하는 과정에서 오해가 쌓인다. 부딪치기 싫어서, 관계를 껄끄럽게 만드는 게 두려워서 불안한 마음을 감추고, 억지로 만남을 이어가기도 한다. 상대는 아무 생각이 없는데 맹목적으로 기대하고, 또 혼자 남겨질까 두려워한다. 하지만 결국 고립되고, 상대에게 실망해 쓸쓸히 떠나게 된다. 이런 일이 반복되면 '도대체 진정한 친구란 무엇일까?'라는 고민의 늪에 빠지고 만다.

평생 함께하는 친구는 없다. 평생 기억에 남는 사람만 있을 뿐이다. 용기를 내서 이성적으로 행동하고, 관계의 주도권을 되찾아야 한다. '이 선을 넘지 마!'라고 분명하게 경계선을 그어보자.

절교를 두려워하지 말 것

몇 년 전, 친한 친구와 방콕으로 새해 여행을 떠난 적이 있다. 우리는 거의 10년 동안 늘 붙어다니며 어디든 함께하는 친한 친구이자 심지어 4년 정도 룸메이트로 동고동락하기도 했다. 휴대전화 긴급 연락처에도 서로의 번호가 등록되어 있었다. 이때가 처음으로 해외여행을 같이 간 것도 아니었다. 그럼에도 우리는 여행 중에 몇 차례 심하게 말다툼했고, 상대는 나에게 무정하게 심한 욕을 퍼부어대기도 했다. 이미 지나간 일을 들먹이더니 나중에는 나의 가장 아픈 곳까지 찌르고 말았다. 아무리 친구라 해도 결코 넘지 말아야 할 선이 있다. 당시에 그의 감정에 휩쓸려 판단력을 잃고 싶지 않았던 나는 바로 입을 다물어버렸고,

곧 차분하고 이성적으로 그를 대하며 남은 일정을 소화했다.

여행이 끝나고 집으로 돌아왔음에도 며칠 동안 밤이 되면 '친구란 무엇일까'라는 질문이 머릿속을 떠나지 않았다. 고심 끝에 얻은 답은 이러했다. 지금 내게 필요한 것은 파괴될 수 없는 안도감이다. 그러나 나는 그와의 관계에서 그 안도감을 느끼지 못하고 있었다. 이미 어긋난 관계를 억지로 붙잡고 싶지 않았다. 틀어진 관계를 억지로 부여잡는 것 또한 어른스럽지 못한 태도라는 판단이 들었다.

귀국하고 얼마 지나지 않아 장문의 메시지를 그 친구에게 보냈다. 책망이나 미워하는 감정이 드러나는 표현은 최대한 피했고, 마지막에는 친구의 앞날을 축복하는 말도 빼놓지 않았다. 그러고는 그 친구의 페이스북과 모바일 메신저를 포함한 연락처를 모두 삭제해버렸다.

우리를 공통으로 아는 주변 사람들은 당황스러워하며 화해를 권했다. 너희가 알고 지낸 지 몇 년인데 이렇게 인연을 끊냐, 한 번 싸운 것으로 치고 서로 화해해라, 지금까지 함께한 시간을 생각해서 너그럽게 용서하고 다시 친하게 지내라, 왜 이렇게 민감하냐, 일 크게 벌이지 말고 당장 화해하라 등등. 중재하던 친구는 상대의 장점을 하나하나 짚어주기 시작했다. 유머러스

하고, 솔직하고, 착한 친구 아니냐고. 경직된 분위기를 풀어보려는 의도였겠지만 나는 꿈쩍도 하지 않았다.

"네 말이 맞아. 친구 사이에 싸움은 칼로 물 베기지. 그런데 말이야, 나는 이런 관계를 원하지 않아."

냉정하게 들린다 해도 할 수 없었다. 더는 내게 이런 관계는 필요하지 않았다.

관계 앞에서 우리는 늘 '너그러워지라'는 말에 흔들려 맞지도 않는 상대방을 무조건 참고 견뎌주기만 한다. 고작 '우리는 친구잖아'라는 그 한마디 때문에 말이다.

경험과 능력이 부족했던 20대에는 이른바 '인맥 통장'을 맹신했다. 쉽게 찢어지는 그물망인 줄도 모르고 얼기설기 짜는데에 급급했다. 내가 짠 인맥 망은 몇 번의 비바람에 쉽게 허물어졌고, 그럴 때마다 처음에 짤 때보다 몇 배쯤 더 노력을 들여 뚫린 그물을 다시 손질해야 했다. 최근에야 나에게 필요한 것은 얼기설기 짜인 그물망이 아니라 튼튼한 밧줄이었음을 깨달았다. 필요할 때 나를 이끌어주고, 내가 전적으로 신뢰할 수 있는, 두 손으로 꼭 붙잡아도 불안하지 않은 굵고 튼튼한 동아줄 말이다.

이제 세월은 나를 성숙하게 만들었다. 더는 외로움과 고독이 두려워 맞지 않는 옷에 억지로 나를 우겨 넣지 않아도 된다는 사실을 깨달았다. 친구는 만드는 것이 아니라 잘 골라서 사귀는 것임을 이제는 안다. 일하는 시간을 빼고, 취미생활과 공부하는 시간을 제하고, 가족과 보내는 시간을 떼어내면 마음 맞는 친구들과 보낼 시간은 얼마나 남을까? 일주일에 두어 번의 저녁식사 시간 정도밖에 남지 않을 것이다. 나는 이 시간을 정말 깊은 우정을 나눌 수 있는 사람과 보내고 싶다.

그 얼마 되지 않는 시간에는 친구가 요즘 어떻게 지내는지, 고민은 무엇인지, 애인이나 배우자, 부모, 아이와 반려묘, 반려견은 잘 지내는지 등처럼 영양가 없는 이야기를 나누는 것이 좋다. 서로 예의를 차리며 어설픈 대화를 나누기보다는 사소한 이야기가 내게는 더 즐겁다. 사소하면 사소할수록 좋다.

종종 내 관심사 밖의 이야기만 늘어놓는 사람이 있다. 요즘에는 어떤 연예인이 인기가 많다, 어떤 연예인이 누구와 사귄다더라, 요즘 뜨는 어디어디에 놀러갈 거다, 주말에 어디어디 페스티벌에 가려고 한다 등등. 이전에는 예의를 차리며 적당히 비위를 맞추어주었지만, 이제는 그런 관계를 하나둘 정리한다. 지금의 나는 예전의 내가 아니다. 과거의 삶에서 벗어나 다른 차원의 만족을 추구하며 살고 있다. 설령 친했던 사이라고 해도, 대화가 통하지 않고 가치관이 다르다면 억지로 호감을 사려 노력하기보다는 차라리 관계를 포기하는 편이 낫다.

예전에는 나도 오래된 관계를 소중하게 여기는 다정다감한 사람이었다. 기껏 사귄 친구를 하나라도 놓칠까 싶어 지레 걱정하고는 했다. 하지만 지금의 나는 상대방과 마찰이나 의견 충돌이 있으면 애써 관계를 붙잡으려 노력하거나 화해하려 들지 않는다. 이런 마음가짐으로 관계를 대하면 마음이 훨씬 가벼워진다. 큰 파도가 지나가고 나면 남은 모래알들이 더 소중해지는 법이다. 맹목적인 관계에 집착하느라 에너지를 낭비하지 말고, 곁에 있는 소중한 사람들에게 나누어 쓰자. 썰물이 빠져나간 뒤 곁에 남은 '좋은 관계'들에 집중하자.

◇◇◇◇◇◇◇◇◇◇

**관계는 그물망이 아닌
밧줄을 닮아야 한다**

오랫동안 함께한 친구라 해도 더는 지속할 필요가 없다고 느낀다면 과감히 정리하는 편이 낫다. 마음이 통하고 가치관이 맞는 사람들과 보내기에도 시간이 모자라다.

남이
되는

법을
배울 것

오랜 친구들과의 관계를 소중히 생각하던 이전에는 많은 시간을 동창회와 전 직장 동료들과의 모임을 기획하는 데 할애했다. 그 모임을 유지하기 위해 심복처럼 열심히 움직였다. 또 행여 주변인들의 경조사를 하나라도 놓칠까 봐 노심초사하기도 했다. 그 과정에서 눈에 보이지 않던 틀어진 관계를 발견하기도 했다. 누구와 누구는 이미 관계를 정리했고, 이 사람과 저 사람의 사이가 예전 같지 않음을 눈치챘다. 처음에는 그런 관계를 바라보며 '대화로 풀리지 않을 사이가 어디 있겠나'라고 생각했지만, 시간이 지나고 보니 대화로 풀리지 않는 관계도 있었다. 말은 많아질수록 관계에 해가 되는 것이었다.

인연을 정리하는 일은 쉬운 것이 아니다. 한 사람을 잊기 위해서는 상대와 함께 나눈 시간만큼의 세월이 흘러야 한다. 그 정도 시간이 지나야 비로소 '남'이라는 이름을 붙일 수 있다. 정이 많은 나 역시 예외는 아니다. 그럼에도 나를 지나치게 힘들게 하는 사람과는 인내심을 발휘하며 관계를 이어가기보다는 매정해 보이더라도 얼른 정리하는 편이 나았다. 과거 몇 년간 맞지 않던 친구들과 연락이 끊기고 이제는 '남'이라는 표현을 써도 될 만큼 시간이 지났다.

이제는 모임을 주도할 때 '올 사람만 오라'고 선을 긋는다. 마음이 이끄는 대로 참석하니, 비록 한 사람만 와도 즐거운 분위기 속에서 마무리된다는 사실을 깨달았기 때문이다.

예전에 나는 융통성이 없었다. 관계가 틀어진 두 사람을 발견하면 억지로 화해를 권고하기도 했다. 그러나 대인관계는 억지로 되는 것도 아니고, 또 관계에 대한 대처방식도 사람마다 제각각이다. 고집도 센데다가 제 성질대로 되지 않는다는 이유로 태도가 돌변해 모임을 망치는 이도 여럿 보았다. 이때 정에 얽매여 중재인 역할이라도 하게 되면 그것은 정말 피곤하다.

내 삶에 들어왔던 사람을 원망하기보다는 그저 떠나보내는 편이 낫다. 이런 사람은 계속 곁에 놔둔다고 해도 눈 안쪽으로 자라는 속눈썹처럼 자꾸만 나를 찌를 뿐이다. 차라리 안 보는 편이 속 편할 수 있다.

남과 헤어짐을 겪을 만큼 겪은 나이가 되고 보니 마음속에 응어리와 원망을 품고 사는 것이 얼마나 힘든 일인지 알게 되었다. 내가 바꿀 수 없는 일이라면 그저 기억에서 떠나보내자.

사무치게 미운 사람이 있다면 상대하지 말고 남이 되는 법을 배워야 한다. 살면서 끊임없이 낯선 사람들과 옷깃을 스치고 만나야 하겠지만, 그들 하나하나가 우리의 마음에 영향을 주지는 못한다. 오히려 가까이에서 내 손을 잡아줄 줄 알았던 사람, 서로를 이해한다고 믿었던 사람이 마음에 스크래치를 남기는 법이다. 상처 위에 이미 딱지가 앉았다고 해도 여전히 아플 수 있다.

한번은 내가 운영하는 '정신과 관찰일기精神科觀察日記'라는 블로그 구독자들에게 친구와 찍은 재미있는 사진과 스토리를 공유해달라고 부탁했다. 한 구독자가 신문기사 캡처본과 함께 이런 글을 올렸다.

"친구와 마지막으로 찍은 사진입니다. 한때 가장 친했던 이 친구와 나중에는 법정 공방까지 벌일 정도로 최악의 사이가 되었어요. 8년 우정은 8개월의 소송으로 끝을 맺었습니다. 제 인생에서 가장 황당했던 일입니다. 저는 소송에서 이겼지만, 오랜 친구와의 신뢰관계를 잃었습니다. 친구에게 받은 배신감에 마음이 갈기갈기 찢기는 듯했고, 그 고통이 마음속에 큰 구멍으로 남았습니다. 저는 그때의 고통 때문에 불면증에 시달리고, 공황과 우울로 야위어갔습니다. 다행히 지금은 그 구멍을 바라보며 다시 차분히 숨을 고르는 여유를 찾게 되었습니다."

바로 그에게 다이렉트 메시지를 보냈다. 배신감으로 마음이 찢어지는 기분을 나도 잘 알고 있으니까. 그분은 상황을 자세히 설명해주지는 않았지만, 말로 꺼내기조차 힘들었음을 느낄 수 있었다. 그분의 심리상태를 걱정하는 내게 "다행히 지금은 아주 덤덤하고 자유로워졌어요"라는 대답을 보내주셨다.

얼마나 많은 에너지를 소모해야 자신의 이야기를 남들에게 공개하며 타인의 마음을 격려할 정도로 덤덤해질 수 있는 것일까? 나는 그분에게 지금 마음을 잃지 마시라고 당부했다. 친구는 다시 사귀면 된다. 나를 위험에 빠뜨렸던 사람이 또다시 나를 상처입힐 기회를 주어서는 안 된다. 한번 대인관계에서 실패했다면 허벅지에 멍이 들 정도로 스스로를 꼬집어서라도 이 말을 각인시켜야 한다. '맞으면 함께하고 그렇지 않다면 헤어져야 한다.' 되도록 똑같은 과거를 되풀이해서는 안 된다.

인연을 끊을 때는 냉담해질 필요가 있다. 일단 절연을 결심했다면 철저하게 남이 되어야 한다. 끝낸다는 것은 제로 상태로 돌아간다는 뜻이다. 상대는 이제 낯선 사람이자 모르는 사람이다. 낯선 사람이라면 외나무다리에서 마주친다고 해도 난처할 일도 없고, 모르는 사람이라면 내 기분을 좌지우지할 수도 없다.

예전의 나는 상대와 단순히 감정적인 갈등을 겪었거나, 내 삶에 크게 도움이 되지 않는 관계 앞에서 회피하고 잘 보지 않는 편을 택했다. 반면에 요즘에는 상대에게 에너지를 소모하지 않고 '남이 되는' 쪽을 선택한다. 가끔 모임에서 친절하게 내게 넌지시 이런 말을 하는 친구가 있다.

"이따 ○○○도 오는데 괜찮겠어?"

그럴 때마다 "안 괜찮을 게 뭐가 있겠어. 오는 건 그 사람 자유인데"라고 대답해준다. 그 친구는 분명 상대방에게도 똑같은 말을 전달했을 것이다. 모임에서 서로 만난다 해도 머리가 복잡해질 사람은 아마 내가 아니라 상대방일 것이다.

만약 이미 인연을 끊은 사람과 정말 다시 마주친다고 해도 당당해야 한다. '나는 양심에 찔릴 만한 일을 하지 않았으니 네가 나를 피해야지, 내가 너를 피할 이유는 없다'는 태도를 고수하

라. 어차피 이번 생에 서로 다시 볼 일도 몇 번 되지 않을 테니.

불완전한 관계 때문에 불편한 마음으로 살고 싶지 않다. 흔히 불교에서는 '원만함을 위해 힘쓰라'고 가르치지만, 그것은 매일 도를 닦는 수행자들에게나 가능한 일 아닐까. 억지로 원만한 관계를 이어가려 애쓰기보다 '관계를 정리하겠다'고 말하는 편이 낫다. 그래야 상처받은 내 자신에게 경각심을 일깨울 수 있다. 내려놓아야만 과거가 비로소 과거로 남는다. 꼭 새로 시작해야만 미래에 살 수 있는 것은 아니다. 연연하지 않으면 자연히 미래에 살게 된다.

연연하지 않을수록
강해진다

대인관계에서 실패했다면 스스로에게 이 말을 해주자. '맞으면 함께하고 그렇지 않다면 헤어져야 한다.' 제대로 내려놓는, 남이 되는 법을 배워야 한다.

시간이
지나면서

우정도 변한다는
사실을 기억할 것

지금도 가끔 학창시절이 그립다.

고등학교 교실 복도 밖에는 반원형으로 된 작은 공터가 있었다. 타이난의 여름은 유난히도 길다. 천장에 달린 선풍기 몇 대로 버티기에는 더워서 견딜 수가 없다. 그런 날씨에도 그 공터만큼은 정오의 태양이 내리쬐지 않아 서늘했다. 종종 친한 친구들과 교과서를 베개 삼아 그곳에 누워 남쪽에서 불어오는 서늘한 바람을 맞으며 우리의 미래를 상상해보곤 했다.

학교에 다닐 때는 다들 이유 없이 기세등등하다. 하지만 어른이 되고 나서는 그럴듯한 '성과'가 없다면 어떻게 다른 친구들과 마주해야 좋을지 모른다. 그렇게 몇 년간 피해 다녀보기도 하지만, 어떤 식으로든 옛 친구들과 만나게 되면 우리는 순식간에 그때 그 공터로 돌아간다. 거꾸로 흐르는 시간 속에서 에너지를 얻는다. 그러면 현재 삶에서 일어난 나쁜 일은 어찌 되든 상관없는 것들이 되어버린다.

옛 친구들을 만나고 싶다는 생각을 수년간 꾹꾹 누르며 살다가 소셜미디어 덕분에 만날 수 있게 되었다. 한편으로는 소셜미디어가 원망스럽기도 하다. 온라인에서 종종 서로에게 '좋아요'를 눌러주다 보니 오히려 오프라인에서 한 번 모이는 것이 얼마나 중요한지 잊어버렸기 때문이다. 2019년 초에 나는 '친구들을 만나고 싶다'던 바람을 꿈으로만 남겨놓지 않기로 했다. 나는 가장 고전적인 방법을 쓰기로 했다. 17년 전 졸업앨범에 적혀 있는 주소로 560명에게 초대장을 보낸 것이다. 그렇게 우리는 수 년 만에 학교에서 다시 만나기로 했다.

덕분에 연락이 끊겼던 많은 친구들이 깜짝 등장했다. 그 친구들은 내 곁으로 오더니 이렇게 말했다.

"동창회 열어주어 고마워. 초대장 받자마자 꼭 참석해야겠다고 결심했어."

반가운 친구들도 많았지만, 예전에 특별히 친했던 몇몇 친구는 나타나지 않았다. E는 업무 특성상 휴가를 내기 어려웠고, F

는 해외근무 중이라 국내로 들어올 수 없었다. D는 학교 근처에 살기는 했지만 아내와 아이를 데리고 처가에 가는 바람에 늦은 저녁에나 참석할 수 있다고 했다. 그날 온종일 기다렸던 D는 그림자조차 비추지 않았다.

 그 친구들과 서로 기대어 바람을 맞이하던 그 공터에 혼자 앉아 그들의 입장을 헤아려보았다. 각자 분주하게 살면서 서로의 우선순위는 새롭게 바뀐 지 오래였다. 유독 나만 그 시절 우리를 바라보고 있었다. 이런 감정은 시간이 지날수록 더 짙어졌다. 그 후에도 나는 여전히 자주 동창 모임을 간다. 너무 오랫동안 만나지 않았다면 다시 보아도 낯선 사이처럼 어색한 분위기가 감돈다. 고등학교 시절에 아무리 친했다고 해도 당시로 돌아가 함께 따라 부르던 드라마 유행가 가사를 합창할 수는 없는 노릇이다.

 아무리 소중한 것들만 골라 담아 타임캡슐을 만든다고 해도, 우리의 소중한 인연은 그때뿐이다. 10년, 20년, 30년이 흘러 타임캡슐을 열어 그때 그 시절 노래를 들어본다면 어딘가 옛스러운 선율만 들릴 것이다. 계절은 변하고 시간은 흘러간다. 과거는 그리워하는 것으로 그 역할을 다한다. 학창시절의 우정은 수업 종이 울려 퍼지던 그 시공간에 봉합해 보관해두어야 한다.

훗날 인연이 닿으면 그때 다시 관계를 이어가면 된다.

　학창시절은 우리 인생에서 가장 순수했던 순간이다. 하지만 이후 사회에 발을 들이고 나면 각자의 생활방식이나 가치관에 따라 새로운 인격이 만들어지거나 성향이 변한다. 당연하다. 게다가 추억에는 낭만이 섞여 있다. 다시 그때로 돌아간다면 지금과 다른 불만과 고민에 빠질 것이다.

　마음은 변하게 마련이다. 누구나 후회하지만, 그 과정을 통해 삶은 더 깊어진다. 우리는 모두 그렇게 성장한다.

　아기가 시간이 지나면 어른으로 성장하듯이, 어른 이후에도 삶은 계속 변한다. 하물며 상대라고 안 변하겠는가. 학창시절 때 만난 친구라고 해서 꼭 오랜 친구가 되지는 않는다. 이럴 때는 차라리 새로운 마음가짐으로 오래된 관계를 마주해보자. 나 혼자만의 생각으로 관계를 유지하지 않아야 편안해진다. 관계를 원점으로 돌리면 분명해지는 것들이 생긴다. 얼마나 오랜 시간을 함께했는지 여부와 상관없이 어떤 사람이 나를 소중하게 여기는지, 내게 더 소중한 사람이 누구인지가 눈에 보이게 된다. 시간이라는 저울을 버리고 동일한 감정, 대등한 시선으로 관계를 바라보면 가지고 갈 인연과 그렇지 않은 인연이 명확히 구분된다.

같은 출발선에서 시작해도 어떤 사람은 중간에 경기를 포기하고, 또 어떤 사람은 자신이 추구한 이상향을 향해 성큼성큼 나아간다. 살다 보면 이미 끊긴 인연을 운 좋게 다시 만나기도 한다. 어리기만 하던 그때의 우리는 이미 사라지고 없다. 이제는 성숙하지 못한 시절의 나를 버리고, 새로운 팀원을 꾸려 미래라는 다채로운 경기를 준비해나가야 한다.

◇◇◇◇◇◇◇◇◇◇

마음이 변하는 만큼
삶은 성장한다

성숙한 태도로 오래된 관계를 다시 들여다보아야 한다. 얼마나 오래 사귀었는지가 중요한 것이 아니라, 얼마만큼 소중한 사이인지가 중요하다.

'솔직함'과 '쿨함'을 가장한 비난은

단호히 거부할 것

N은 오랫동안 베이징에서 일했기에 얼굴 한 번 보기가 어려웠다. 언젠가 설을 쇠기 위해 고향으로 돌아온 그를 만나 얼굴을 마주하고 옛이야기를 나누었다. 룸메이트였던 우리는 낡은 소파에 파묻혀 작은 담요를 덮고 잠들기 전까지 함께 B급 영화를 보던 이야기를 나누었다. 훈훈한 이야기 덕분인지 1월의 쌀쌀한 날씨마저 따뜻하게 느껴졌다. 함께 살 때 우리는 하루하루를 힘들게 버티던 직장인이었다. 돈이 없는 월말이면 가난에 허덕이며 어디도 가지 못하고 대부분의 시간을 집 안에서 보냈고 맥도널드 세트 메뉴를 나누어 먹으며 고락을 함께했다.

이야기를 나누다가 우리와 함께 살던 친구인 스타일리스트

K의 이야기가 나왔다. 그의 이야기에 갑자기 분위기가 급격히 가라앉았다.

"K는 아직 베이징에 있어?"

"연락 잘 안 하는데. 너는 연락해?"

K에게는 자신만의 미적 감각과 기준이 있다. 그 기준에 따라 습관적으로 타인을 비평하는 점이 문제다. 그는 사람을 만나면 우선 외모부터 평가하기 시작한다. "너 그 치마 어디서 샀어? 너무 싼 티 난다", "너는 예쁜 얼굴이긴 한데 코가 너무 별로야. 주먹코만 성형하면 괜찮을 것 같은데", "이 핸드백 너무 예쁘다. 그런데 너하고는 안 어울리는 게 안타깝네", "너 오늘 무슨 향수 뿌렸어? 공중화장실 냄새가 나" 등등. 상대의 헤어스타일부터 복장, 말투, 손톱 색깔까지 일일이 지적한다. 옆에 있던 친구가 웃어넘기지 못하고 받아치면 더 악랄한 평가가 되돌아오곤 했다.

K의 이야기가 나오면 분위기는 급격히 가라앉는다. 마치 K의 거친 발언에 누구도 대꾸하지 않았던 것처럼, 그가 어떻게 지내는지 이야기하고 싶지 않아 한다. K가 참석하는 모임은 마치 텔레비전 속 예능에서 출연진들이 서로를 놀리며 웃음을 유발하는 모습을 떠올리게 한다. 그러나 우리는 연예인이 아니고, 우리의 삶은 예능 프로그램이 아니다. 본인은 농담이겠지만 듣

는 사람에게는 폭력일 뿐이다.

하루는 내게 좋지 않은 일이 생긴 날이었다. 회사로부터 해고 통보를 받았고, 한껏 가라앉은 나는 말 한마디도 할 기분이 아니었다. 그래도 친구는 나를 억지로 불러내어 위로를 건네었다.

"혼자 집에 있으면 괜히 잡생각만 많아져. 차라리 우리와 같이 있는 편이 나아. 옆에 사람이 있으면 좀 괜찮아질 거야."

약속 장소인 카페 안으로 들어선 나를 멀리서 본 K가 말했다.

"재수 없는 일이라도 당한 것 같은 얼굴이네. 무슨 일 있어?"

같이 있던 친구는 K에게 눈치를 주며 작은 목소리로 내 상황을 설명했다. 그 말을 들은 K는 목소리를 높이더니 "너 잘렸어?"라고 물었다. 순간 너무 화가 났지만 분위기를 망치고 싶지 않아 그냥 일찍 자리를 떴다. 집에 도착하니 한 친구가 메시지를 보냈다.

"K가 한 말 너무 신경 쓰지 마. 걔가 말은 그래도 마음은 그렇지 않은 거 알잖아."

나의 퇴사 소식은 순식간에 퍼졌다. 나는 온종일 '괜찮냐'고 묻는 메시지에 답장을 보내야 했다. 하나씩 회신 메시지를 보낼 때마다 감정이 복받쳐, 차라리 휴대전화를 무음으로 바꾸어놓고 당분간 마음을 좀 가라앉힌 뒤 신경 써주었던 사람들에게 잘

지내고 있다고 회신하기로 했다. 그때 나와 친했던 예전 직장동
료가 갑자기 전화를 걸어왔다.

"나 미팅이 있어서 근처에 왔는데 같이 점심이나 먹자."

같이 밥 먹는 내내 그는 내 말을 경청해주고 위로하고 격려
하느라 밥도 거의 먹지 못했다. 헤어지기 전에 그는 업계에 마
땅한 일자리가 없는지 알아볼 테니 너무 상심하지 말고 우선 당
분간 푹 쉬라고 했다. 또 내가 자신감을 되찾을 수 있도록 다시
한 번 격려해주었다. 그와 함께한 한 시간은 마치 구세주라도
만난 것 같은 기분이었다. 자리에서 일어섰을 때는 나 자신조차
나는 분명히 잘될 거라고 믿게 되었다.

비평은 해도 비난을 해서는 안 된다. 악독한 말이 도를 넘어서면
아무리 선의에서 시작된 말이라 해도 상대에게는 화살이 되어 박
힌다.

K처럼 분별없이 지나치게 직언을 날리는 친구는 대인관계에
서 소외될 확률이 높다. 아무리 친분이 깊은 사이라 해도 가장
먼저 소원해지고 대화도 점차 줄어들 것이다. 누군가 들어주는
사람이 있으면 점점 언어폭력의 강도가 심해질 수밖에 없다. 가

장 좋은 대처 방법은 그의 말이 주류가 되지 못하게 하는 것이다. 가시 돋친 말을 내뱉고 조롱을 일삼는 사람은 발언권을 가지지 못하게 해야 한다. 처음에는 완곡하게 거절함으로써 말하는 방식이 잘못되었음을 상대가 알아차릴 수 있도록 해야 한다. 그래도 나아지지 않는다면 그때부터는 대꾸를 하지 말아야 한다. 타인의 자존심에 상처를 입히면서 재미를 얻고자 하는 사람은 유머러스한 것이 아니라 냉혹한 것이다. 이를 쿨함으로 포장해서는 안 된다. 아무 말이나 내뱉는 것과 솔직한 것은 엄연히 다르다. 진심으로 관계를 소중하게 생각하는 사람은 절대로 이런 식으로 상대를 가늠해보지 않는다.

1960년대 미국에서 히피Hippie는 반전을 외치는 '플라워 파워Flower Power' 운동을 펼쳤다. 군인들이 총을 들고 있는 일촉즉발의 상황에서 젊은이들은 총부리에 들고 있던 꽃을 꽂으며 부드럽게 '사랑과 평화'를 외쳤다. 끊임없이 떠들어대는 입은 총과 같고, 부드럽고 명확하게 상대의 마음을 헤아릴 줄 아는 말은 꽃과 같다. 전쟁을 끝내는 가장 좋은 방법은 상대에게 꽃을 건네는 것이다.

아무리 진심 어린 충고라 해도 상대에게 상처를 입힐 요소가 담겨 있다면 차라리 말을 아끼는 편이 낫다. 똑같은 말이어도 어떻게 표현하느냐에 따라 다르게 들리는 법이다. 현명한 사람은 때와 눈치를 볼 줄 알고, 상대를 존중한다. 매번 좌충우돌하는 싸움꾼에게는 절대 좋은 결과가 따라올 수 없다. **예능 프로그램에서도 종종 상대를 무안하게 만들며 웃기는 장면이 나오지만, 우리는 모두 그것이 연출된 장면이라는 것을 안다.** 하지만 그런 사람이 우리 곁에 있다면 어떻게 될까? 매일같이 독설하는 친구와 함께하는 일상은 생각만 해도 몸서리가 쳐진다. 사회에서는 '솔직함'과 '쿨함'이 죄악이 되는 경우도 있다. 선한 사람이 되기 위해 총구를 꽃으로 덮을 줄 알아야 한다.

◇◇◇◇◇◇◇◇◇

진심 어린 충고라 해도
뾰족하면 독설일 뿐이다

가시 돋친 말에 입은 상처는 쉽게 치유되지 않는다. 그렇다고 '눈에는 눈, 이에는 이'라며 되갚아주려고 하면 내 힘만 빠진다. 거리를 두면서 완곡하게 거절하는 법을 연습해보자.

'우리'라는
울타리에

너무
얽매이지 말 것

오래된 사진들을 보다 보면 이미 과거가 되어버린 사진 속 인물들을 여럿 발견하게 된다. 사람 좋은 미소를 띠고 있는 우리 관계는 이미 옛것이 되었다. 한 무리를 중심으로 형성되었던 관계가 이제는 이어지지 않는다니 못내 안타깝다. 돌이켜보면 '우리'라는 작은 울타리 안에서 받은 상처들은 모두 해당 관계에 지나치게 집착했기 때문이다. 그때 나는 우리라는 그 몇몇의 관계를 중심으로 세상이 돌아간다고 생각했다. 그때의 우리를 생각하면 애증이 교차한다.

　인간은 사회적 동물이다. 동시에 소수의 사람만으로도 독립적으로 자유롭게 살 수 있는 것도 인간이다. 예전에는 그룹 채팅방을 들락거리며 우리의 관계에 얽매여 살았다. 독수리처럼 혼자 자유로워지고 싶다는 생각을 안 한 것은 아니지만, 안타깝게도 나는 그럴 수 있는 사람이 아니었다. 지친 나머지 몇 번이나 채팅방을 나가보았지만, 상처만 남았다.

낯선 환경에 처음 들어갔을 때 가장 빨리 안정감을 얻는 방법은 무리 또는 집단을 형성하는 것이다. 학교는 비교적 단순한 편에 속한다. 좋든 나쁘든 졸업은 하게 되고, 그러면 관계가 지속될지 여부도 결정된다. 하지만 직장에 들어간 뒤에는 상황이 비교적 복잡해진다. 나는 최대한 레이더를 켜서 파벌 싸움에 끼지 않으려 노력한다. 어느 한쪽 편에 속하는 것보다는 되도록 쓸데없이 남의 입에 오르내리지 말고 내게 주어진 일이나 열심히 하려고 한다.

사회초년생 때는 그러지 못했다. 막 사회생활을 시작하던 그때, 회사 일을 배우랴, 집 돌보랴, 양쪽을 모두 신경 써야 했기에 동료들과 가까워지지 못했다. 평소에는 인터넷을 하면서, 주말에는 친구들을 만나면서 외로움을 떨치려 했지만 내게 도시는 여전히 낯설었고, 대학 친구 몇 명을 빼고는 아는 사람이 없던 타이베이는 내게 마음 터놓을 사람이 한 명도 없는 곳이나 다름없었다. 그러다가 한 모임과 인연이 닿아 친구 몇몇을 사귈 수 있었다. 우리는 너무 잘 맞았다. 첫 만남부터 오랜 친구처럼 편안해졌다고 말할 수는 없지만, 개그 코드나 눈물 코드 등 공감대가 비슷했다. 이 관계 덕분에 그 전까지 도시에 뿌리내리지 못하고 부유하던 내가 땅을 밟을 수 있게 되었다.

우리는 마치 연인처럼 서로를 매일 만나고 싶어 했고, 아무리 지루해도 함께 시간을 보내려고 했다. 얼마 지나지 않아 우리는 어디든 함께했다. 이내 우리만 알 수 있는 손짓과 암호도 생겼고, 자연스럽게 서로를 '우리'라고 부르게 되었다. 몇 차례 함께 술도 마시고 무리에 애칭도 지었다. 이름을 지어서 우리의 관계를 우리 무리에 속하지 않은 남들에게 증명해 보이고 싶어 했다.

무리 안에서의 생활은 마치 손에 손을 잡고 함께 여기저기 돌아다니는 것만 같았다. 우리는 그렇게 수년 동안 제자리에서 빙빙 돌았다. '작은 모임'이라기보다는 '감정의 신앙'이라고 부르는 편이 좀더 어울리겠다. 이들만 내 곁에 있다면 서로를 믿고 의지하며 평생 물 흐르듯이 순탄하게 살 수 있을 것 같다는 맹목적인 믿음으로 관계를 이어갔으니까.

하지만 함께하는 과정에서 애증이 공존했고, 결국 시간이 흐름에 따라 우리의 관계는 씻겨 내려가다가 와해되고 말았다. 더는 모임을 함께하지 않으면서 우리의 우정도 점점 온기를 잃어갔다.

이후 몇 년 동안 내 마음은 그 어느 때보다 연약해졌다. 바람에 옷깃을 스치기만 해도 쉽게 무너져버렸다. A와 B는 사이가 나빠져 절교했고, C와 D는 연락이 끊겨 어떻게 지내는지 알지 못한다. 이제 나와 상관없는 인연이 되었는데, 그마저 지켜보려 안간힘을 썼다. 걸핏하면 공황 상태에 빠지거나 또 누군가에게 배척당하지는 않을까 싶어 늘 안절부절못했다.

이처럼 어떤 집단은 나약한 감정을 토대로 형성된다. 서로를 의지하고 집착하는 마음의 이면에는 일종의 두려움이 산다. 관계를 한곳에 몰아놓고 그것에만 신경쓰는 것은 좋은 대인관계 전략이라 말할 수 없다.

평생 함께하는 친구는 없다. 평생 기억에 남는 사람만 있을 뿐이다.

모바일 메신저 창을 열고 알람이 거의 울리지 않는 몇몇 그룹 채팅 방에 들어가보았다. 쉴 새 없이 말을 주고받던 이전의 분위기는 사라진 지 오래되었고, 이제는 이 방을 나가야 할지 말아야 할지도 모르겠다. 종종 함께 찍었던 옛 사진들을 나누어 보고 늘 붙어 다니던 그때를 떠올려보고는 한다. 지금은 감정이 서서히 식어, 다시 만나도 어색한 인사말 몇 마디만 건네는 사이가 되었다. 안타깝지만, 이것 또한 하나의 여정이라 생각하면 마음이 조금 가벼워진다. 한때는 같은 목표를 향해 달려갔지만, 이제는 각자의 길을 찾아 떠난 것이라는 사실을 알면 이별을 한층 성숙한 태도로 받아들일 수 있을 것이다.

무언가를 함께 좋아하고 함께 미워하며 이루어진 관계는 서로 일깨우며 성장하는 관계보다 견고하지 못하다는 것을 알아야 한다. 좋아하는 것과 싫어하는 것은 늘 변하게 마련이기 때문이다. 아무리 강렬한 느낌도 시간이 흐르면 흐릿해지게 마련이다. 아쉽다고 생각하는가? 나도 예전에는 그렇게 생각했다. 하지만 지금은 지나간 인연이 각자 잘 지내기만을 바란다. 다시 만나서 꼭 근황을 주고받아야 하는 것은 아니다. 웃으며 옛날 일을 회상할 수 있다면 그것으로 충분하다고 생각한다.

눈앞의 삶은 점점 무게를 더해가는데, 옛 인연을 꼭 붙잡고 사는 것은 너무 억지스럽다. 아무리 찬란하고 뜨거웠던 청춘도 결국에는 모두 지나간다. 몇 명에게만 묶여 살 필요가 없다. 이제는 내 마음을 편안하게 해주는 무리로 이동할 때가 되었다. 앞으로의 삶에서는 힘든 일을 겪으면 그 안으로 잠시 몸을 피했다가 회복한 뒤에 각자의 삶으로 돌아가야 한다. 그곳은 정류장이나 주유소이지, 종착역은 아니다. 그 안에 계속 머물러 있으면 안 된다.

◇◇◇◇◇◇◇◇◇

'우리'라는 관계의 속성을 생각해보자

'우리'라는 관계에 너무 많은 감정을 쏟는다면 쉽게 마음을 다칠 수 있다. 그 안에서는 즐거움도 극대화되지만 슬픔 역시 극대화되기 때문이다.

나를 배려하지 않는
사람에게

에너지를
쏟지 말 것

한때 술집과 클럽에서 매일 밤을 새우던 때가 있었다. R은 우리 무리에서 가장 열심히 놀아 일명 '파티의 여왕'으로 불리었다. 날로 떨어지는 체력도 그의 흥을 꺾어놓지 못했다. 낮에는 평범했지만 밤에는 화려했다. 일반적인 사람들의 상상을 초월하는 방탕함이 걱정스러워서 그에게 "그래도 미래를 좀 생각해야 하지 않겠어?"라고 진심 어린 충고를 건네기도 했다. 하지만 매일같이 일에 짓눌려 살다 보니 남들을 신경 쓸 겨를도 사라지고 R과의 연락도 차츰 줄어들었다. 함께하던 몇몇 또한 곧 사회에 들어가고 나서는 '이러다가 굶어 죽겠구나'라는 상황을 깨닫고 하나둘 제 살길을 찾아 떠났다.

　한번은 오랜만에 함께 식사하기로 약속을 잡았다. R은 우리
와 약속을 잡았음에도 전날부터 술을 마셔 그날 아침까지 취해
있었다. 숙취 때문에 문밖으로 나가는 것조차 힘겹고 귀찮은 상
태라는 사실은 불을 보듯 뻔했다. 그는 종일 숙취로 끙끙 앓다
가 막판에 채팅창에다가 '약속에 나가기 어렵게 되었다'는 메시
지를 남겼다. 그 모습에 내가 R에게 잔소리를 늘어놓았다. 그는
결국 화를 냈다. 나에게 성격이 나쁘니 다른 사람 잘나가는 꼴
을 못 본다고, 평소에 약속을 잡을 친구가 없다 보니 이번 약속
에 목을 맨다고 했다. 그 말에 기분이 상했지만 싸우고 싶지는
않아서 그저 "그렇게 심하게 말하지 마"라고 이야기하고 상황
을 정리했다. 이제 R과의 관계도 예전 같지 않아 어찌 되든 상
관없었지만, 그래도 내 성의에 그렇게 무례한 태도를 보이니 화
가 나서 참을 수가 없었다.

　그날 저녁, 또 다른 친구인 T가 나에게 전화를 걸어왔다. 마
침 우리를 잘 알고 있던 T의 전화에 나는 내 감정에 대해 한참
하소연했다. 나는 전화를 걸어준 T에게 신경 써주어 고맙다고
말하면서 이번 일을 통해 R에 대해 제대로 알아야 한다고 전했
다. 다른 사람들도 나와 같은 대우를 받을 수 있으니 조심하라
고 일러주었다.

얼마 지나지 않아 한 친구가 R이 페이스북에 올린 게시물을 캡처해서 보여주었다. 내 인성에 문제가 있고, 말을 제멋대로 하는 경향이 있다고 적어놓은 글이었다. 이는 분명 T가 R에게 말을 전했기에 올라온 글이라는 확신이 들었다. 나는 바로 T에게 전화를 걸어 자초지종을 물었다. 도대체 R에게 무슨 말을 전했기에 그가 폭주한 것인지. T는 처음에는 한사코 부인했다. '너에게만 한 이야기를 어떻게 제3자가 알고 있는지 말해달라'는 내 말에 그제야 당황하며 말을 이었다.

"나는 그냥 네게 신경을 써준 것뿐인데, 나한테 화를 낼 필요는 없잖아."

내가 반문했다.

"설마 이렇게 말을 옮겼을 때 어떤 일이 생길지 몰랐다는 이야기야? R도 나도 화가 난 상태였고, 너는 우리 둘 모두와 친구잖아. 그런 말을 전하면 불난 데 기름을 끼얹는 것밖에 더 되겠어? 너는 우리를 화해시키고 싶은 거야, 아니면 완전히 사이가 끝나기를 바라는 거야?"

"나도 일이 이렇게 될 줄은 몰랐어. R은 내 소중한 친구니까 그저 사실대로 말해준 것뿐이야."

"그러니까 나는 소중한 친구가 아니라는 말이구나."

그 말이 가시가 되어 나를 찔렀다. 오랫동안 배려받지 못했다는 사실이 감정의 수면 위로 올라왔다. 그러자 지금껏 내가 친구를 선택하는 기준에 문제가 있었다는 생각이 들었다. 답답해하던 내 모습을 본 다른 친구들이 눈치채고는 어떻게 된 영문인지 물었다. 친구들도 말 한마디 하지 않고 침묵을 지키는 내 모습에 걱정스러워했다. 우물쭈물하며 친구들에게 다 털어놓은 뒤에 힘빠진 목소리로 물었다.

"나 정말 형편없지?"

친구들은 내 부정적인 감정을 추슬러주기 위해 무던히도 애써주었다. 한 친구는 내 어깨를 다독이며 말했다.

"너한테는 우리가 있잖아."

이 말을 듣는 순간 막혔던 가슴이 탁 트였다. 왜 수년간 이런 호의들을 내 멋대로 흘려보내고 있었을까? R과의 다툼과 T와의 감정을 처리하는 방법은 이미 답이 정해져 있었다.

진정한 친구라면 서로를 챙기는 데에만 해도 시간이 부족하다. 서로에게 상처를 입히고 또 시간을 들여 위로하는 비합리적인 행동은 하지 않을 것이다.

우리는 이제 어리지 않다. 서로를 위하는 친구야말로 정말 소중한 친구다. 나는 마음속에서 자꾸만 커지는 이 악감정을 끝내기로 마음먹었다.

"나를 생각해준다던 너의 마음을 다른 사람에게 베풀도록 해. 나는 이제 필요없으니까. 잘 지내!"

이 메시지를 끝으로 R과 T의 연락처를 삭제했다. 그들의 소식이 들릴 때마다 예의 있게 말했다.

"그 사람들 이야기는 별로 알고 싶지 않아."

하나의 관계를 내 삶에서 지워버리기 위해 차단하고, 삭제하고, 내 의사를 알린다. 사실 이 방법은 그렇게 멋있는 방법은 아니라고 생각한다. "당신을 배려하지 않는 사람이 당신을 아프게 하고, 당신을 아끼는 사람은 그런 당신을 보며 마음 아파한다." 이 문장은 내 블로그 계정의 자기소개 글귀다. 열일곱 살 때 쓴 문장인데, 지금 다시 곱씹어보아도 여전히 느끼는 바가 있다. 서른이 지나고 몇 년간 나의 대인관계는 미니멀리즘 과정에 있었다. 그 과정을 통해 어떤 사람을 남겨두고 어떤 사람을 놓아주어야 할지 알게 되었다.

이제 마흔을 향해 달려가는 지금, 이제는 인간관계에서 크게 슬퍼할 일도, 크게 기뻐할 일도 없어졌다. 서로의 존재만으로

안정감을 느낀다면 그것으로 충분하다. 나보다 누구를 더 아끼
느니 누구를 더 신경 쓰느니 하는 일에 집착할 필요는 없다. 사
랑의 크기는 중요하지 않다. 가장 중요한 것은 우리가 함께 얼
마나 오래갈 수 있는지 여부다.

　누구 때문에 상처받고 싶지도 않지만, 나 때문에 누군가 상처
를 입는 것은 더 싫다. 진정한 친구라면 자존심 대결에 너무 많
은 시간을 들일 필요가 없다.

진정한 친구란

내게 관심도 없는 사람 때문에 힘들어하거나 너무 많은 시간을 쏟을 필
요 없다. 세상은 넓다. 당신에게 주위를 기울이고 당신의 마음을 따뜻
하게 움직이게끔 도와주는 사람과 시간을 보내자.

타인에게 호의를 베풀 때는

어떤 대가도 기대하지 말 것

"누구도 외딴 섬이 아니다." 영국의 시인 존 던John Donne의 시 가운데 한 구절이다. 처음 이 문장을 마주했을 때 깊은 감동을 받았다. 아마 내가 혼자 살기 시작한 지 얼마 안 된 시점이라 그랬으리라. 고향을 떠나 사는 사람은 주변 사람들로부터 자주 은혜를 입는다. 나 역시 그래서 남들에게 많이 받으며 살아온 만큼 내 도움이 필요한 사람이 있다면 힘껏 도우려 한다.

그러나 세상에는 별의별 사람이 다 있는 법이다. 그러다 보니 종종 배신을 당했고, 이로 인해 마음이 힘들어지기도 했지만 입 밖으로 꺼내지는 않았다. 한번은 내 꼴을 보다 못한 친구가 "급한 일은 도와주어도 가난은 도와주는 게 아니야. 친하지 않은 사람들까지 그렇게 도와주지 마"라고 충고하기도 했다.

한번은 임대 계약 분쟁에 휘말린 E가 급하게 들어갈 집을 찾고 있었다. E는 내년에 유학을 떠날 예정이라 1년 단기로 살 집을 찾아야만 했다. 그러다 보니 집을 찾기가 쉽지 않았다. 평소에도 서로 사이가 좋고 하루가 멀다 하고 우리 집에 찾아왔던 E는 나의 룸메이트들하고도 잘 통했다. 룸메이트와 나는 맛있는 음식이 있거나 재미있는 일이 생기면 E를 불러 함께 즐기기도 했다. 변변한 방 한 칸 없이 떠돌아다니는 E의 신세가 안타까워서 룸메이트와 나는 함께 상의한 끝에 E에게 이야기했다.

"우리 집은 그래도 큰 편이니까, 너만 괜찮으면 집 구할 때까지 함께 지내자."

그렇게 반년을 함께했다. 나중에 나는 새로 구한 직장 때문에 타이베이의 그 방을 남겨놓고 상하이로 떠나게 되었는데, 그때도 E를 위해 방을 빼지 않았다.

안타깝게도 그때 구한 그 직장은 완전히 잘못된 선택이었다. 곧 침몰할 배와 같던 그 직장에서 빠져나오기 위해 나는 서둘러 여기저기 다른 직장을 알아보았다. 기왕 상하이로 왔는데 별소득 없이 타이베이로 돌아가고 싶지는 않았다. 그러던 중에 마침 한 인기 잡지사에서 에디터를 구한다는 정보를 들었다. E가 일했던 회사였다. E는 베이징에서 수년간 살았고, 중국 미디어 계통에도 인맥이 있었다. 나는 바로 E에게 연락을 해, 이력서를 보내고 싶은데 그 잡지사 편집장의 이메일 주소를 알려줄 수 있는지 물어보았다.

며칠 뒤, E는 나에게 포트폴리오와 이력서를 보내달라고 하더니 편집장에게 이를 전달했다. 하지만 정성껏 이력서를 작성했음에도 감감무소식이었다. 결국 그 회사는 내가 아닌, 해당 경력과 관련이 없는 신입을 뽑았다. 결과를 받아들일 수밖에 없었다. 마침 당시에 입사가 결정된 그 신입은 나와 오랜 친구인 Y였다. 비록 내가 바라던 바는 아니었지만, 주변 사람의 희소식에 축하를 건네는 것 또한 도리라고 생각해 인사를 보냈다. 얼마 지나지 않아, 나는 상하이에 있던 직장에서 퇴사하고 다시 타이베이로 돌아왔다.

그나마 하늘이 도왔는지 귀국한 지 두 주 만에 다시 새로운 회사로 출근할 수 있게 되었다. 그리고 유학을 잠시 미루었던 E도 중국에서 좋은 제안을 받았다. 이번에는 E가 타향살이를 하게 된 것이다. 그렇게 우리는 각자의 길을 떠나게 되었고, 가끔 내가 출장을 가거나 그가 휴가차 고향에 돌아올 때만 한 번씩 만날 수 있었다.

그러던 어느 날이었다. 새해가 되기 전이라 외지에서 일하거나 유학하는 사람들이 하나둘 고향으로 돌아오던 시기였다. 우연히 한 술집에서 Y를 만났다. 인사차 그때 입사한 회사에 여전히 잘 다니고 있는지 물었다. 순간 Y의 눈빛이 흔들렸다. 술을 몇 잔 더 마신 Y가 갑자기 나를 붙잡더니 사과를 건네었다.

"이 일을 오랫동안 마음에 담고 살았어. 그동안 계속 너에게 미안했다. 그때 네가 급하게 일자리를 구하는 것을 빤히 알고 있었는데 말이야."

"아니야, 괜찮아. 공정하게 경쟁하는 게 맞지. 내가 부족해서 떨어진 거지, 네 탓이 아니야. 마음에 담아두지 마."

"그런 뜻이 아니야. 사실대로 말하지 않으면 평생 너에게 미안할 것 같으니까 이제라도 고백할게. E는 그때 네 이력서를 회사에 보내지도 않았어. 내 것만 보냈다고 하더라고."

그 말을 듣자마자 저녁에 마신 술이 확 깨는 것 같았다. 그럼에도 대범한 척 말을 이었다.

"괜찮아, 다 지나간 일인데 뭘."

전혀 괜찮지 않았다. 친구에게 배신당한 아픔에 화를 삭이지 못하던 나는 우리를 아는 또 다른 친구를 붙잡고 하소연했다. 그저 제삼자의 입장에 있는 사람에게 전후 사정을 일일이 이야기하고 위로받고 싶었다. 너무 이 문제에 매달리는 나에게 무언가 일깨워주기를 바랐는지도 모른다.

그러나 상황은 점점 악화되어갔다. 그 친구는 E에게 이 이야기를 전했고, E는 오히려 헛소문을 쉽게 믿는다고 나에게 화를 냈다. 그 말을 전한 이의 성품까지 지적하기도 했다. 가십거리나 만들려고 했던 것은 아닌데, 생각지도 않게 일이 돌아갔다. 여러모로 나에게 큰 교훈을 남긴 이 사건을 계기로 나는 친구에 대한 정의를 다시 내리게 되었다. '마땅히 갖추어야 할 기본적인 도리는 지키되, 그 이상은 행하지 말아야 한다.'

주는 만큼 기대하게 되는 것이 사람이다. 상처받고 싶지 않다면 공고한 신뢰가 쌓이지 않은 사람에게는 선의도 적당선에서 베풀어야 한다.

E와의 일을 돌아보면, 처음에 그를 우리 집에 머물도록 친절을 베푸는 과정에서 스스로 너무 많은 의미를 부여했던 일이 결국 실망으로 돌아왔다. 이는 내 문제이며, 남을 탓할 필요 없다. 기본적으로 타인에게 호의를 베풀 때는 그 어떤 대가도 기대해서는 안 되는 것이다.

경력으로는 내가 E의 선배이지만, 삶에서는 누구나 평등하다. 직장에서는 직위의 높고 낮음이 있지만, 친구라는 관계에서는 대등하다. 사적인 인간관계를 공적인 직장에까지 끌고 들어가서는 안 된다. 이는 아주 현실적인 이치다. 하나하나 감정을 시시콜콜 따지기 시작하면 아무리 순수했던 관계도 결국 변질되게 마련이다. 균열은 주로 사소한 차이에서 시작된다. 그리고 균열은 권력의 세계에서 더욱 쉽게 일어난다.

아무리 거대한 산도 지진과 폭우로 무너질 때가 있다. 아무리 가까운 사이라 해도 상대의 속을 투명하게 알 수 없다. 그러니 누군가에게 기대야 한다면 나 자신에게 기대는 것이 가장 안전하다. 누구와의 관계에도 큰 기대를 두지 말자. 직장이 삭막한 이유는 가까운 사람도 등을 돌리게 만들기 때문이다. 자신은 '나는 안 그러는데'라고 말할지 몰라도, 상대방은 다르게 생각하고 있을 것이다.

∞∞∞∞∞∞∞∞

안전한 대인관계

관계에서 '내가 이만큼 주었는데 너는 왜 이렇게 하느냐'라고 따지기 시작하면 균열이 발생할 수밖에 없다. 어른의 세계에서는 은혜를 원수로 갚는 일도 비일비재하다.

나의 평범한 일상에
관심을 가져주는

이들에게
진심을 다할 것

언젠가 예능 프로그램에서 이런 말을 들은 적이 있다.

"그가 당신을 사랑한다면 당신이 에베레스트 산중턱에 있든 지옥 불구덩이에 있든 상관없이 기어서라도 찾아올 거예요."

이 박력 있는 발언이 뇌리에 깊이 박혔다. 지금 이 관계에 진정성이 있는지 확인하고 싶을 때면 저 말을 되새겨보고는 한다.

성숙한 대인관계는 크게 두 종류로 나뉜다. 하나는 내가 원하는 관계, 다른 하나는 나에게 필요한 관계다. 아무리 오래 알고 지낸 사이라고 해도 그 관계에서 하다못해 명예든 이익이든 얻는 것이 없다면 지속적으로 만나기 힘들다. 의미 없는 관계와 깊이 교제할 이유도 없고, 오래된 사이라고 해서 자주 만나야 할 이유도 없다.

대인관계에서 선택의 기로에 섰을 때, 적극성을 기준으로 살핀다.
항상 나를 신경 써주는 관계를 사귀기는 쉽지 않다.

재작년에 어머니 몸에서 암이 발견되었다. 다행히 초기에 발
견되어 치료받고 완쾌되었지만, 어머니는 오랫동안 억눌렸던
정신적인 상처가 곪아 터져 힘들어하셨다. 특히 감정을 주체하
지 못하셨다. 가족들과 대화도 거부한 채 스스로 마음의 방에
들어앉아 화를 내기도 하고 수심에 잠기시기도 했다.

어머니는 친구 분들을 만날 때만 가끔씩 미소를 보여주실 뿐
이었다. 어머니의 친구 분들은 초등학교를 졸업하고 줄줄이 방
직공장에 취직했다. 미숙하기만 하던 시절, 그분들은 아침저녁
으로 붙어 다니며 함께 기숙사생활을 하고 같은 방 위아래 침대
에서 생활했다. 한밤중에 모기장 안에 숨어 들어가 함께 연애편
지를 몰래 읽기도 하고, 집이 그립다며 같이 눈물짓기도 했다.
결혼식에서는 서로의 들러리를 서주고 훗날 자식들 결혼식도
참석하자고 약속했다.

결혼 후 어머니는 가정에 헌신하셨다. 아버지 사업은 30여

년간 부침을 거듭했고, 엄마는 그런 아버지를 뒷바라지하느라 그 곁을 떠날 줄을 몰랐다. 잘살 때는 굳이 떠벌리고 싶지 않았고, 못살 때는 폐 끼칠까 싶어 연락을 꺼리다 보니 친구들과의 관계는 시간이 흘러 시나브로 끊기고 말았다.

어머니는 가족을 사랑하시지만 종종 옛날 사진첩을 뒤지며 그때를 그리워하신다. 단체 사진 속에 함께 붙어 있는 조그마한 얼굴들을 하나하나 가리키며 친구들의 이름과 성격을 알려주신다. 이미 사진은 누렇게 변해버렸지만 사진을 볼 때만큼은 그 시대로 돌아간 것마냥 즐거운 미소가 밝게 빛난다.

그사이에 우리는 두 차례나 이사를 갔고, 전화번호도 바뀌었다. 이제는 연락하고 싶어도 영 어렵게 되어버린 것이다. 그러던 중에 딸의 결혼을 앞둔 어머니 친구 한 분과 연락이 닿았다. 그분은 어린 시절 자식의 결혼식에 서로를 초대하자던 약속을 잊지 않고 그 약속을 지키기 위해 어머니 연락처를 수소문했던 것이다. 옛 주소 하나 들고 여기저기 찾아다닌 끝에 결국 우리 집 주소를 알아내셨다고 한다. 그분이 집에 방문하신 날, 어머니께서 얼마나 감동하셨을지 상상이 되고도 남았다. 나중에 어머니는 눈물이 그렁그렁한 눈가를 한 채 말씀하셨다.

"친구들이 나를 찾아주었어. 얼마나 고마운지 몰라."

몇 년 사이에 어머니의 삶은 크게 변했다. 친구들과 다시 연락이 닿으면서 자주 웃으셨고, 이야기가 끊이지 않았다. 마음의 문을 닫고 가까운 친척이나 이웃하고만 왕래하던 과거의 모습은 사라지고, 지금은 돋보기안경을 쓴 채 친구들에게 메시지를 보내느라 정신없는 모습을 볼 수 있다. 재미있는 동영상이나 신년 인사말 같은 이미지들을 저장해두었다가 단톡방에 공유하시기도 한다.

여자들의 우정은 참 묘하다. 심한 다툼과 대립을 수도 없이 겪었음에도 나중에는 화해하고 서로 잘 지낸다. 대단한 포용력이다. 시간은 그들에게 단단한 관계를 선물해주었다. 눈앞의 길이 깜깜하면 같이 팔짱을 끼고 걷고, 화장실마저 함께 가는 그 우정은 소소하지만 큰 힘을 발휘한다.

어른의 세계는 고독해서 안정감을 느낄 여지가 굉장히 적다. 관계에서 진정성을 구분하는 데 어려움을 느껴 낙심하는 일도 많다. 진심으로 대했지만 제대로 된 호응을 얻지 못할 때도 있다. 그럴 때면 우리는 오랜 친구의 품으로 피하고 싶어한다. 그러나 오랜 친구와 한번 만나고 싶어도 수없이 많은 이유가 우리 사이를 가로막는 일이 많다. 저녁식사 약속을 한번 잡고 싶어도 여의치 않는다. 그런 일이 계속되다 보면 자연스럽게 좋은 소식만 알리고 나쁜 소식은 숨기는 사이가 되고 만다.

그럼에도 여전히 나를 소중하게 대하고 있다고 느끼게 해주고 내가 조금만 우울해져도 금세 알아차리는 친구들도 몇몇 있다. 가정과 자식이 있고 하루에도 수십 번 회의에 참석해야 하는 바쁜 와중에도 재주껏 짬을 내어 근황을 주고받기도 한다. 대수롭지 않게 나의 평범한 희로애락이 바로 그들이 신경쓰는 일이다.

선착순으로 먼저 온 사람이 친구가 되는 것이 아니라, 내게 다가온 뒤에 떠나지 않는 사람이 친구가 된다. 물론 모든 인연을 죽을 때까지 가져가야 할 필요는 없다. 과거에는 나도 헤어짐이 늘 두려웠다. 이제는 '또 보자'는 인사를 건네었다고 해서 내 마음대로 다시 볼 수 있는 것은 아니라는 사실을 깨달았다. 지금은 내가 원하는 리듬에 맞추어 살아가는 법을 배웠고, 누군가를 굳이 시간 내어 기다리지 않는다. 동시에 내게 다가오고 싶어 하는 사람이 있다면 언제든 들어올 수 있게끔 마음의 문을 활짝 열어두고 산다. 이렇게 하면 진심으로 나를 대해주는 사람과 자연스럽게 가까워질 수 있다.

울고불고하며 관계를 배우고 나니 결국 한 뼘 더 자라 있었다. 지금의 나는 좀더 너그러워서, 만남과 헤어짐을 똑바로 마주하는 용기가 생겼다. 어쩌면 헤어짐은 단련하는 과정일지도 모른다. 수많은 대인관계 안에 쌓인 불순물들을 제거해 여과시키는 과정 말이다. 항상 그리워한다는 것은, 관계에 진심을 다했다는 뜻이다. 만사를 제쳐두고 당신을 위해 시간을 내어주는 사람은 많지 않다. 그런 사람은 언젠가 몸과 마음이 불편해져 지팡이를 딛고 서야만 움직일 수 있게 되어도 당신의 곁에서 당신의 이야기를 들어주기 위해 산 넘고 물 건너 당신을 찾아올 것이다. 이런 관계야말로 반드시 붙잡아야 할 인연이다.

**필요 없는 친구를
깊이 사귈 필요 없다**

먼저 사귄 친구라고 더 소중하고, 사귄 지 얼마 되지 않았다고 덜 소중한 것이 아니다. 당신을 진정 소중하게 생각한다면 아무리 바쁘고 힘들어도 당신의 이야기를 들어주기 위해 시간을 내어준다.

모든 것을
도우려 하지 말 것,

애정 문제는
특히 더

어떤 이름은 어떤 단어로 관계를 설명해야 좋을지 몰라 우물쭈물해버릴 때가 있다. '친구'라기에는 멀고, '그냥 아는 사이'라고 하기에는 무성의한 것 같다. 대놓고 싸운 적은 없지만, 별것 아닌 일들로 점점 사이가 멀어진 경우다. 그저 이렇게 말할 수밖에 없다.

"한때 친했어."

다급하게 '이야기 좀 하고 싶다'고 말하는 친구라면 나는 샤워 중이었다고 해도 달려가 전화를 받는다. '지금 좀 만나자'는 그의 말에 몸을 대충 닦고 아무 옷이나 걸쳐 입은 채 머리도 말리지 못하고 집을 나선다. 나에게 도움을 청하고 나를 찾아주었

다는 사실에 행복하기 때문이다. 그럴 때면 알 수 없는 온기가
나의 마음을 감싸듯이 이내 따뜻해진다.

언젠가 자정이 넘은 시간에 D에게서 전화가 걸려왔다.

"잤어?"

목소리에 울음이 가득했다. 늦은 시간인데 전화기 너머로 바
람 소리와 지나가는 자동차들의 엔진 소리, 3초마다 한 번씩 들
리는 울먹임까지 더해지니 무서워졌다. 당황한 나는 서둘러 침
대에서 몸을 일으키며 그에게 물었다.

"너 지금 어디야?"

D는 울먹거리다가 길게 한숨을 내쉬더니 차분하게 이야기
했다.

"나 오늘 그 자식이랑 헤어졌어."

"지금 어디에 있어? 내가 바로 갈게. 거기 꼼짝하지 말고 기
다려."

서둘러 차키와 지갑을 챙겨서 계단을 뛰어 내려갔다. 문득 예
전에 극단적인 선택을 한 친구가 떠올라 마음이 급해졌다. 이
럴 때는 되도록 전화를 끊지 말아야 하지만, 대화해보니 감정조
절이 불가능한 정도까지는 아니라는 판단이 들어서 "금방 가겠
다"고 말하고 전화를 끊었다. 가는 길에 신호등에 걸릴 때마다

그에게 "조금만 기다려"라고 메시지를 보냈다. 평소에는 30분 정도 걸리는 거리를 마구 내달려 15분 만에 도착했다. D는 이미 문을 닫은 상점 앞에 멍하니 앉아 담배 연기를 내뿜고 있었다. 풍파를 겪고 있는 친구의 침묵을 가만히 보고 있자니 어찌할 바를 모르겠어서 한마디 던졌다.

"괜찮아? 어떻게 된 거야?"

담배 두 갑을 다 태우는 네 시간 동안 나는 D 옆에 앉아 있었다. 동이 틀 때까지 D의 전 애인이 졸렬한 방법으로 친구를 속인 이야기, 귀를 씻고 싶을 정도로 더러운 바람피운 이야기를 들어주었다. 너무 화가 나서 욕이 절로 나왔다. 아침 6시가 넘으니 조금씩 사람들 소리가 들려오고, 운동 나온 노인들이 삼삼오오 지나갔다. 새어 나오는 하품을 억지로 참아보는 D의 눈빛이 조금은 편안해진 듯 보였다. D는 미안했는지 나를 포옹해주었고 곧 우리는 각자의 집으로 돌아갔다.

그날 저녁, D의 SNS에 애인과 식사하는 사진이 올라왔다. 이미 화해한 모양이었다. 괜찮아진 거냐고 묻는 메시지를 보내자 '응'이라는 한 글자짜리 답장을 받았다. 그러고는 한동안 소식이 없었다.

어느 날이었다. D의 애인에게서 경고 메시지가 날아왔다. 내가 D를 몰래 좋아하고 그를 질투해서 뒤에서 몰래 헤어지라고 종용했다는 것이다. 나는 바로 D에게 전화를 걸어 어떻게 된 일인지 물었다. 곧 두 사람이 또 싸워서 그 화가 나에게 튀었다는 사실을 알게 되었다. 나는 드라마 촬영장에 음식을 배달해주는 아르바이트생일 뿐인데 졸지에 남녀 주인공의 송사에 휘말린 신세가 되었다. 결국 D의 애인에게 억지로 사과를 하고 그의 화를 풀어주는 책임까지 떠안게 되었다.

이 말도 안 되는 드라마는 내 눈앞에서 세 번이나 펼쳐졌다. 나중에 나는 D의 전화를 무시했고, 그의 메시지에 최대한 단답형으로 대답하게 되었다. 나중에 D의 애인은 한껏 신경이 날카로워져서 싸울 때마다 내가 감언이설로 D를 조종하고 있다고 생각했다. 하지만 당시 나는 D에게 연락하기는커녕 궁금하지도 않은 둘 사이의 내막까지 D의 애인으로부터 듣고 있는 형국이었다. 더는 참을 수 없어서 내 의사를 전달했다.

"두 사람 다 나를 좀 내버려두었으면 고맙겠어."

애정사는 집안사와 같다. 게다가 감정이 격해진 당사자들에게 충고 따위는 들리지도 않는다. 좋든 나쁘든 두 사람의 문제다. 애정 문제는 두 사람이 풀도록 놔두는 편이 낫다.

애정사는 좋든 나쁘든 두 사람이 해결할 문제다. 나와 무관한 일에 끼어드는 것을 흔히 '사서 고생한다'고 말한다.

장담하건대 한 번 휘말리면 두 번 세 번 휘말리는 것은 문제도 아니다. 가족도 아닌 사람의 격앙된 감정을 계속 참고 받아줄 수 있는 사람이 몇이나 될까? 상대는 분명 폭발했던 감정이 사그라들면 고맙다는 인사 한마디도 없이 자리를 떠버린다. 그로 인해 평온했던 내 삶은 폭탄을 맞았는데, 상대는 전 애인의 품에 안겨 치유받고 있다.

아무리 절친한 친구 사이라 해도 애정 문제 앞에서는 '위로'만 해야 한다는 사실도 잊지 말아야 한다. 많이 들어주되 적게 말하거나 아예 말없이 듣기만 하는 것도 좋다. 화가 나 있을 때는 입바른 소리를 듣고 싶어 하지 않는 법이기 때문이다. 내 감정이 요동을 칠 때는 아무리 좋은 말이어도 귀에 거슬리게 마련이다. 그럴 때는 그저 친구가 비밀을 토로할 수 있는 대나무숲이 되어주면 된다.

한번은 중재하려다가 싸움을 부추기는 꼴이 되어버린 적이 있다. 충고로 건네었던 내 말이 서로 싸우는 과정에서 그대로 인용되어버렸기 때문이다. 둘은 격정적으로 싸우다가 그 말의

출처까지 공개해버렸다.

"윌리엄도 그렇게 생각한다고 했어."

그렇게 집안싸움에 끌려들어가 졸지에 중재자에서 분쟁의 당사자가 되어버렸지만, 친구는 구경만 할 뿐 나를 구해주지 않았다.

다 쓸데없는 걱정이다. 친구가 '사랑'을 선택했을 때는 서로 사랑하지 않는 상황이 올 수 있는 마음의 준비를 해야만 하는 것이다. 사랑의 달콤함과 쓰라림은 동전의 양면이기 때문이다. 이 모든 것은 스스로의 힘으로 버텨야만 한다. 사랑이 건네주는 쓰라림은 당신이 아닌 친구 몫이다. 억지로 함께 짊어지지 말자.

**사랑싸움에는
끼어들지 말자**

친구의 애정 문제에 절대 간섭하지 말자. 감정이 격해진 사람에게 조언과 충고를 건네지 말자. 친구의 하소연을 그저 들어주는 것으로 충분하다.

있는 그대로의
자신으로

사람을
사귈 것

'누구의' 친구인가. 사람의 이름이 때로는 내가 누구인지 수식하는 결정적 형용사가 되기도 한다. 그래서 내 주변에 어떤 사람이 함께하는지가 매우 중요하다.

언젠가 추석을 앞두고 잡지 마감이 지연되어 회사에서 종일 밤을 새며 일에 집중할 때가 있었다. 협력업체와 마지막까지 원고를 확인하며 사무실을 지켰다. 기진맥진한 상태로 퇴근해 집으로 돌아왔다가 이제 막 외출하려던 룸메이트 T와 마주쳤다. 그는 회사 동료들과 고깃집에 가려던 길이라며 같이 가자고 내 옷소매를 잡아당겼다. 이름도 잘 모르는 이들과 함께하는 모임이라 조금 망설였다. 그중 몇몇과 얼굴을 본 적은 있으나 내 지인이라고 말하기에는 낯설었다. 하지만 종일 일만 하다가 집으로 돌아와 혼자 배달 음식을 시켜먹는 것보다는 조금 낯설더라도 여러 사람과 어울리며 하루를 보내는 편이 낫겠다고 생각했다. 거리를 가득 메운 먹음직스러운 고기 냄새도 내 결정에 한몫했다.

나와 친구가 조금 늦게 도착해서인지 약속 장소의 분위기는 이미 달아올라 있었다. 사람들은 내가 T의 룸메이트라는 사실을 알고는 모두 따뜻하게 맞이해주었다. 행여나 낯선 자리에 내가 불편하게 느끼거나 소외감을 느낄까 걱정되었는지 그중에 몇몇은 신경 써서 내 술잔을 채워주고, 음식을 가져다주었으며, 게임을 할 때도 함께할 것인지 의견을 따로 물어보는 등 여러모로 배려해주었다.

무리 중에 한 여성이 눈에 띄었다. 얼굴을 보니 몇 달 전에 한 호프집에서 마주친 적이 있는 것 같았다. 수많은 사람 속에서 우리는 눈이 마주쳤고, 그 순간 그가 내 이름을 크게 불렀다.

"윌리엄! 언제 왔어요?"

"조금 아까 왔어요. 그런데 저를 기억하시네요?"

"당연히 기억하죠."

내 외모는 평범한 축에 속해서, 대부분의 사람들이 나를 두세 번은 만나야 기억한다. 그래서 보통 나는 상대의 기억력을 되살려주기 위해 함께 알 만한 주변 사람을 언급하며 '그의 친구'라고 말하는 식으로 나를 소개하는 편이다. 그날도 마찬가지로 공동의 지인을 언급했다.

"L 아시죠? 눈이 크고 동그란 남자, 디자인하는 친구요. 저는 그의 친구예요."

"아, 그렇군요. 그런데 왜 L과 친하게 지내세요?"

순간 대화가 이상하게 흘러가고 있다고 느꼈다. 상대는 아직 취한 상태가 아니었다. 솔직한 성격이지만 악의를 가지고 남을 헐뜯는 사람 같지는 않았다. 그는 조금 망설이다가 나에게 L의 평판이 좋지 않다고 알려주었다. 겉으로 보기에는 아주 예의 바르지만, 자기 잇속만 챙기려 해서 주변 사람들이 피한다는 것이다. 만약 내가 그날 'T의 룸메이트'가 아닌 'L의 친구'라고 소개했다면 다들 껄끄러워했을 것이라고도 했다.

친구란 수식어 같은 것이다. 나를 잘 모르는 사람들은 내가 누구와 어울리는지 보고 나를 판단한다.

당시에 내가 느끼는 L은 그 정도로 나쁜 사람이 아니었다. 잔

머리를 좀 굴리는 스타일이기는 하지만 극악무도해 상종해서는 안 되는 정도는 아니라고 생각했다. 집에 돌아오는 길에 T에게 이 이야기를 했다. T는 아니 땐 굴뚝에 연기가 나지 않는다며, 한 사람만 그렇게 생각한다면 오해라 볼 수 있겠지만, 여러 사람이 동일하게 평가한다면 그 평가가 옳을 확률이 높다고 말했다.

사람마다 선악을 판단하는 기준이 다르고, 생각도 제각각이니 다른 사람의 말만 듣고 상대를 판단하면 안 된다고 생각한다. 그러나 관점을 조금 달리해보면, 한 사람에 대한 평가를 듣는 것을 일종의 자료수집으로 생각해볼 수도 있다. 그와의 관계에서 문제가 생겼을 때 맹점을 파악하는 데 도움이 되기도 한다. 아무리 친한 사이라고 해도 내가 그 사람 속마음을 들여다볼 길은 없다. 그러니 조심한다고 해서 나쁠 것은 없다고 본다.

그런데 정말 L의 태도가 갈수록 나빠졌다. 어쩌면 그간 내가 그런 모습에 눈을 감고 있었던 것일지도 모르겠다. 그는 이득을 취할 수 있다면 어디든 합류했고, 평판이 좋지 않은 사람이어도 득세한다 싶으면 바로 접근해 친분을 만들어냈다. 심지어 본인이 계산해야 할 타이밍에 일부러 지갑을 가지고 나가지 않아 다른 사람이 계산하도록 만들기도 했다. 말로는 "다음에 갚겠다"

고 했지만 그 다음은 결국 오지 않았다. 친구들도 한두 푼 가지고 괜히 실랑이하기 싫어서 그냥 자신이 사준 셈치고 말았다. 이런 일이 비일비재하니 L은 사람들의 입방아에 점점 더 많이 오르내리게 되었다. 그쯤 되니 L에 대해 충고해준 지인의 말이 사실임을 인정해야 했다.

주변에 누가 함께하는가는 나의 평판에도 중요한 영향을 미친다. 그러니 다른 사람을 가벼운 마음으로 소개하거나, 다리를 놓아주는 일도 되도록 피하는 편이 좋다. 관계는 복잡할수록 쉽게 망가지기 때문이다. 좋을 때면 몰라도, 문제가 생기면 소개해준 당사자까지 연대책임을 물어야 할지도 모른다.

지금은 이렇게 단호하게 말하지만 나 역시 그러한 경험을 한 적이 있다. 한번은 누군가의 부탁으로 일자리를 소개한 적이 있다. 회사는 급하게 일할 사람이 필요했고, 마침 오랫동안 취업 준비 중이던 A에게 적합한 자리 같았다. 기쁜 마음으로 흔쾌히 서로를 연결해주었다. 이야기가 잘 진행되는 듯 보였고, 서로에게 좋은 결과를 가져다준 것 같았다.

그러나 정작 일을 시작한 뒤에 문제가 생기기 시작했다. A의 근태가 좋지 않으면 회사는 나에게 불만을 토로하기 시작했다. 한번은 A가 회사에서 필요한 능력을 갖추지 못했으니 나에게 방법을 모색해달라고도 했다. 결국은 나에게 화를 내며 '안목도 좋지 않으면서 잘 알지도 못하는 사람을 경솔하게 추천했다'며 에둘러서 나를 비난했다. 나도 참지 못하고 받아쳤다.

"무슨 소리야. 소개해주었으면 끝난 거지, 내가 애프터서비스까지 해주어야 한다는 말이야?"

이 모진 말을 마지막으로 그와의 관계도 끝나고 말았다.

관계란 종이와 같다. 우리 앞에 종이 두 장이 있다고 치자. 한 장에는 여러 글이 쓰여 있고, 다른 한 장은 백지 상태다. 많은 사람들이 두 종이를 받는다면 글이 써 있는 종이를 좀더 자세히 살펴볼 것이다. 그리고 그 글을 찬찬히 읽어본 뒤에 받을지 말지를 결정할 것이다. 반면에 백지 종이는 큰 부담 없이 받아들이게 된다. 이 명확한 반응이 바로 '평판'이다.

사람들은 낯선 환경을 마주하면 불안해지고, 의식적으로 자신을 정형화시키려고 애쓴다. 그래서 남들에게 '내가 누구누구의 지인이고, 누구누구의 친구다'라고 말하며 그의 인지도를 빌리려고 한다. 의식적으로 자신에게 레이블을 다는 것이다. 사실 이는 매우 위험한 행동이다. 남의 이미지를 빌리는 것은 굉장히 좋은 효과를 가져다줄 수도 있지만 반대로 최악의 상황을 불러올 확률도 있다. 모 아니면 도다.

대인관계에서 말도 안 되는 확률 게임에 스스로를 노출시키기보다는, 있는 그대로의 자신을 드러내는 편이 낫다. 상대에게 백지 상태의 종이를 내밀고, 새로운 글을 그 종이에 새겨보자.

◇◇◇◇◇◇◇◇◇◇

백지 상태로
관계 시작하기

일상생활이든 직장생활에서든 대인관계는 반드시 백지 상태로 시작해야만 한다. 자신의 이름 앞에 다른 사람의 이름을 가져다놓지 말자. 자칫하면 가깝지 않은 사람들에게 이용당할 수도 있다.

남을 이겨야
속 시원함을 느끼는

동료와는
거리를 둘 것

대학 캠퍼스 간담회에서 연사로 초청받아 갔다가 겪은 일이다. 반듯한 체크무늬 셔츠의 단추를 목까지 다 채우고 메탈로 된 안경을 쓴 이공계 학생 하나가 모범생처럼 손을 번쩍 들더니 질문을 던졌다.

"선생님, 졸업 과제를 같이하기에 적합한 사람은 어떻게 찾나요?"

밑도 끝도 없는 질문이었다. 나는 그의 질문을 정리해서 되물었다.

"어떤 성격인 사람과 졸업 과제를 함께하면 좋은지 묻는 거지요?"

그는 힘차게 고개를 끄덕였다. 대학생 마지막 학기가 다가오면 누구나 졸업 과제가 고민되기 시작할 것이다. 좋은 성적을 위해 같은 목표를 가지고 함께할 만한 사람을 찾기를 바라는 마음이 느껴졌다. 나는 그 학생에게 이렇게 대답해주었다.

"좋은 점수를 얻고 싶다면 능력 있는 사람보다는 소통이 잘되는 사람과 함께하는 것이 좋아요."

스포츠 경기에서 팀을 구성할 때 의식적으로 능력이 뛰어난 엘리트를 섭외하기 위해 노력한다. 하지만 승부를 가르는 경기와, 큰일을 함께 도모하는 직장은 엄연히 다르다. 훌륭한 사람보다는 좋은 팀워크가 더 중요하다. 능력을 자신하는 사람들은 대개 기가 세서 혼자 일하는 편이 나은 경우가 많다. 그런 사람이 한 팀에 두세 명 섞인다면 의견 충돌을 조율하는 데 많은 시간과 에너지를 소모하느라 주어진 업무를 처리하지 못하고 끝나버릴 확률이 높다. 일을 잘하기 위해서는 시너지를 내야 하는데, 서로 소통은커녕 상대를 이해하려고 노력하지도 않는 사람들이 모이면 결국 일을 그르치게 된다.

내가 신입사원이었을 때 일이다. 새로운 회사에 입사하고 첫 달, 첫 단추를 잘 끼우기 위해 수십 페이지에 달하는 상세한 보고서를 작성했다. 비즈니스맨을 겨냥한 여름 패션 특집 기사였다. 첫 성과물인지라 신중에 신중을 기했다. 덕분에 기획은 통과되었고, 함께 자주 일했던 헤어디자이너와 메이크업 아티스트, 모델들로 좋은 팀을 구성했다. 또 평소에 잘 알고 지내던 포토그래퍼 G에게 도움을 청했다. G는 국제 광고나 유명 패션 잡지사에서 잘나가는 이른바 A급이었지만, 그간의 우정을 생각해 흔쾌히 응해주었다.

촬영 당일 분위기는 그럭저럭 괜찮았다. 오랫동안 함께했던 멤버들이기에 어색함 없이 화기애애한 분위기 속에 작업이 진행되었다. 모델은 과감한 포즈를 취하며 적극적으로 촬영에 임했고, G 역시 만족했다. 하지만 모니터로 보이는 결과물은 애초에 내가 생각했던 기획과 큰 차이가 있었다. 나는 카메라 곁으로 다가가 넌지시 G에게 물었다.

"이따가 원래 계획했던 포즈대로 촬영해줄 수 있어?"

조심스럽게 내뱉은 말이었으나 일언지하에 거절당했다. 촬영이 막바지에 이르고 나는 '몇 장 더 찍어달라고 다시 말하면 사이가 어색해지지는 않을까' 걱정하면서도 의도했던 기획을 위해 다시 부탁해보았다. 그러면서 속으로 '아방가르드한 사진은 나중에 포트폴리오에 넣고, 보고할 때는 지금 찍는 사진 가운데 적당한 것들을 골라보아야겠다'고 생각했다.

내 요구를 들은 G는 어시스트에게 카메라를 삼각대 위에 올려놓으라고 말하더니 대충 셔터를 눌러댔다. 셔터를 누르면서도 어쩔 수 없다는 듯이 나를 바라보며 말을 이었다.

"네가 원한다면 찍어주어야지."

그 말에 나는 물론 현장에 있던 스태프들도 당황했다. 아무리 인지도가 높고 훌륭한 포토그래퍼라 해도 전체 레이아웃을 담당하는 사람은 그가 아닌 나다. 그리고 어디까지나 나는 고객 아닌가.

그럼에도 원활하게 작업을 끝내기 위해 나는 한발 물러나 상황을 잘 수습하기로 마음먹었다. 이것이 G와의 마지막 작업이 되리라고 예감하면서. 이후에는 그와의 관계도 어색해져, 훗날 마주쳐도 형식적으로 인사를 나누는 사이가 되어버렸다.

실력이 아무리 좋아도 조직 전체의 안위와 분위기를 망치는 동료는 멀리해야 한다. 그가 내뿜는 부정적 에너지는 언젠가 반드시 화를 부른다.

함께 일하는 파트너가 꼭 최고의 능력자이거나 엘리트일 필요는 없지만, 상대가 무엇을 원하는지 이해하는 데 너무 많은 에너지를 소모하게 만드는 사람이어서도 안 된다. 결과가 기대에 미치지 못하고 가끔 어긋나더라도 큰 틀 안에서는 서서히 발전하는 관계여야 지속 가능하다. 앞일을 예측하기는 쉽지 않아도 함께 호흡을 맞추고, 같은 공감대를 형성하고 있으며, 공동으로 문제를 해결하려는 팀이 각자 자신만의 원대한 목표를 이루려는 팀보다 더 훌륭한 결과물을 낼 것이다.

모든 사람들이 재능도 뛰어나고 이상도 원대한 사람과 함께 일하고 싶어 한다. 하지만 그런 이는 보통 자기주장이 강하고 자신만의 견해를 고집하기 쉽다. 이를 통솔해줄 사람 없이 그저 재능이 뛰어난 사람들끼리만 모아놓았을 때는 이견이 조율되지도 않고 일이 제대로 진행될 리도 만무하다. 하나의 산에 두 마리의 호랑이가 살 수는 없는 법이다.

일상에서도 마찬가지다. 늘 비교하기를 좋아하고 자기주장만 내세우며 양보하기를 싫어하는 사람은 상대방을 피곤하게 한다. 스무 살에는 행여 상대에게 미움을 살까 두려워 그의 주장에 따랐지만 이제는 관계의 주도권을 놓아버리면 호구가 된다는 사실을 알기에 그와의 관계를 정리한다. 이런 사람은 조용히 걸러내고, 특별한 일이 없으면 굳이 연락하지 않는다.

직장에서는 지능 지수와 감성 지수의 균형을 이루도록 노력해야 한다. 지혜로운 사람은 겉으로 드러내는 것만 좇지 않고, 적절할 때 해결 방안을 제시하며, 자신의 몫을 짊어지고 배가 항구에 도달할 때까지 묵묵히 뒤에서 밀어준다. 이런 차분함이 일상인 사람은 상대를 이기는 것이 중요하지 않다. 어제의 나를 이기는 것만으로도 힘든데, 남을 이기려는 데 힘을 빼서 무엇하겠는가. 맹목적인 경쟁은 사는 데 별다른 도움이 되지 않는다.

관계가 아니어도 살면서 이를 악물고 고군분투해야 할 일은 종종 발생한다. 그런데 남과 옥신각신하는 데 에너지를 쏟고, 제멋대로 구는 상대를 포용하는 데 내 에너지와 시간을 할애해야 할까? 피곤한 일이다. 그러니 드센 사람일수록 그와 거리를 두는 편이 좋다. 아무리 가까운 사이라 해도 계속 다투는 일은 스스로를 갉아먹게 마련이다.

좋은 사람을 골라 사귀자. 지혜로운 사람은 좋은 책을 골라 읽듯이, 좋은 말을 골라 듣듯이, 좋은 행동을 골라 하듯이 좋은 사람을 골라 만난다. 여기서 '좋은'은 '훌륭한'과 동의어가 아니다. 긍정적인 의미를 가져다주는 사람을 의미한다. 일을 조금 못하더라도 포용하고 동행할 수 있는 사람이라면 함께할 만하다. 가장 이상적인 관계는 서로를 보완해주고 나에게 없는 부분을 상대가 가지고 있어서 보고 배울 수 있으며, 서로 부드럽게

소통하며 성장하는 사이다. 이렇게 다른 사람과의 교류를 통해
더 나은 나를 완성하는 것이야말로 가장 좋은 사귐이라 할 수
있다.

◇◇◇◇◇◇◇◇◇

좋은 동료가 된다는 것

부족함이 있어도 서로 포용할 수 있고 소통할 수 있는 사람이어야 동행
할 수 있다.

모두와
친해지려

애쓰지
말 것

사람 좋은 얼굴을 하고 있다가 뒤통수를 맞는 경우가 있다. 잡지사에서 일하던 수년간 동종업체와 자주 식사 자리를 가졌다. 대화에는 업계 시스템과 사람, 일에 대한 토론이 오가고는 했다. 당시에는 초짜 신입이었던지라 이어지는 질문에 무엇이든 대답해야 하는 줄 알았다. 두서없이 대답하느라 상대가 파놓은 구덩이를 제대로 보지 못해 몇 번이나 그 안으로 미끄러지면서도 그것도 모르고 의기양양하게 굴었다. 사실 실언은 큰 문제가 아니었다. 그 뒤에 이어지는 뒷말들이 무서운 것이었다. 식사 한 번에 그렇게 많은 의미가 내포되어 있는 줄 몰랐다. 공적인 식사 자리는 마치 한 편의 연극 같았다. 가볍게 주고받은 말들은 상상 이상으로 복잡해졌다.

　적을 만들 생각이 없었던 나는 점점 식사 자리가 두려워졌다. 나중에는 '식사'라는 이야기만 들어도 안색이 변할 정도였다. 이후에는 잘 모르는 사람과 식사를 함께해야 한다는 일이 있으면 괜히 두려워 빠져나갈 궁리부터 하게 되었다. 행여 책잡힐 만한 말을 해서 회사 이름에 먹칠을 할까 봐 무서워 따로 테이블 매너를 검색해보기도 했다. 훗날 경력이 조금 더 쌓이고, 공적인 영역의 나와 사적인 영역의 나를 분리할 수 있게 되면서 겨우 안정을 찾았다.

　낯선 환경에서 처음 대인관계를 0에서 1로 만드는 과정이 가장 힘들다. 내 나이는 스물일곱에서 스물여덟쯤, 타이베이를 떠나 잠깐 상하이에서 일하게 되었을 때, 외톨이가 된 나를 걱정하던 전 직장동료가 주류 업체에서 일하는 C를 소개해주었다. 성격이 시원시원한 그는 나를 한 모임에 초대했다. 새로 문을 연 양고기 샤브샤브 식당에서 만난 모임의 분위기는 화기애애했다. 사적인 이야기를 스스럼없이 나누는 모습이 서로 이미 친한 사이인 듯 보였다. 나는 그 가운데 홀로 어색하게 앉아 양고기를 뒤적거렸다. 누가 보아도 외부 사람인 티가 났을 것이다.

　어색하게 쭈뼛거리는 겁쟁이가 된 내가 한심해서 용기 내어 사람들에게 먼저 말을 걸었다. 하지만 어딘가 부자연스러운 모습을 감출 수는 없었다. 마치 낯선 장소에서 성과를 발표하는 발표자가 된 기분이었다.

　시간이 지나 C가 요즘 어떻게 지내는지 물으며 나에게 새로운 사람들을 소개해주겠다고 권했다. 나는 그의 호의를 거절하며 당시의 내 심정을 솔직하게 고백했다. 그는 "원래 모든 일은 시작이 어렵다"고 위로하며 한 끼 식사를 너무 복잡하게 생각할 필요도 없고, 모든 대인관계를 다 받아들일 필요도 없다고 했다. 내가 외롭지 않게 배려해주는 C의 언행에 감동했다.

　사람을 사귀는 데 절대적인 것은 없다.

　새로운 인간관계에 재빨리 녹아들어 적응할 수 있는 사람은 많지 않다. 그러니 어울리지 못한다고 해서 스스로를 탓할 필요도 없다. 중요한 것은 처음부터 관계로부터 자신을 방어하는 것이 아니라 사람 보는 안목을 키워 나와 맞는 사람과 관계를 맺는 것이다. 여러 사람을 사귀는 것보다, 한 사람과의 깊은 관계가 낫다. 모임에서 만난 모두와 친해지려 노력할 필요 없다. 연락처를 교환했다고 해서 정말 긴밀하게 연락하는 사이가 되는 것도 아니다. 그저 한 무리에서 말이 잘 통하는 한 사람만 만나도 좋은 수확이다.

수동적이고 내성적인 성격이라면 일단 '시작'에 초점을 두자. 한 사람을 만나는 것에서 시작해 점차 인연을 이어가고, 그 인연을 출발점으로 다른 인연을 만들어나가는 것이다. 그렇게 천천히 관계를 맺어가면 분명 좋은 수확을 얻게 될 것이다.

다니던 직장을 그만두었을 때 이야기다. 자유의 몸이 된 나는 외향적인(정확히는 외향적으로 보이는) 사회생활 속 자아와 내성적인 일상생활 속 자아를 오가며 1인 2역을 해야 할 필요가 없어졌다는 생각에 들떴다. 피상적인 관계들을 정리하고, 불편한 식사 자리를 줄일 수 있었다. 그때 마음속으로 '이런 게 소확행 아닐까' 생각했다.

요즘도 그때의 마음가짐으로 살려고 노력한다. 새로운 친구를 사귈 필요성을 잘 느끼지 못할뿐더러, 일로 만나는 게 아니라면 낯선 사람들과의 식사 자리도 되도록 피한다. 만약 참석하기로 한 식사 자리에 낯선 사람이 함께한다면 나와 잘 맞는지 면밀히 판단한 다음에 그 모임에 참석할지 여부를 결정한다.

한 친구는 모이기로 할 때마다 "윌리엄한테 결정하라고 해.

개가 요구사항이 제일 많잖아"라며 투덜거리지만, 사실 사람을 보는 내 안목을 믿는 주변 사람들은 나와 함께 식사하는 자리를 유익하다고 느낀다. 내가 이상적으로 생각하는 만남은, 편안하게 어떤 이야기든 주고받을 수 있는 분위기이지만 그럼에도 해도 되는 말과 해서는 안 되는 말이 명확하게 구분되는 자리다. 인맥을 쌓기 위해 억지로 밥 먹는 시간을 할애하고 싶지는 않다. 식사 시간은 편안해야 한다고 생각하기 때문이다.

아무리 1등급 호텔 식사 자리라 해도 불편하게 다른 사람의 비위를 맞추어가며 에너지를 쏟는 것보다 차라리 혼자만의 식사를 즐기는 편이 낫다고 생각한다. 밥을 함께 먹는 사이라는 것은 곧 진심을 주고받을 수 있는 관계라는 것을 의미한다. 서로의 단점을 보완해주고 말실수도 이해해줄 수 있는 사람과 함께하는 시간은 즐겁다.

지금 나는 1인 미디어 기업을 창업해 운영하고 있다. 특히 창업 초창기에는 모든 에너지를 일에 쏟느라 좀처럼 다른 사람을 만날 시간을 내기가 어려웠다. 그러다 보니 어렵게 약속을 잡으면 그만큼 기대가 클 수밖에 없었다. 그 약속이 공적인 만남이라면 '여기서 무엇을 얻을 수 있을까' 기대했고, 사적인 만남이라면 신나게 즐기는 자리가 되기를 바랐다. 한 끼를 먹는다는 것은 어렵게 짬을 낸 내 시간을 공유한다는 뜻이다. 내 시간은 소중하니 그만큼 신중하게 만나고 싶다. 편하게 식사 한 끼 나눌 수 없다면 친구라고 보기 어렵고, 이는 공적인 만남에서 역시 마찬가지다.

**나와 맞는 사람과
깊은 관계 맺기**

어떤 사람은 빠르게, 어떤 사람은 서서히 마음을 연다. 어떤 사람은 북적이는 관계를, 어떤 사람은 일대일 관계를 선호한다. 모든 사람이 다 다르듯 각자 자신에게 맞는 관계의 모습이 있다.

되도록 친구는
밤이 아니라
밝은 대낮에
사귈 것

베이징에 살 때, 타향살이에 힘들어 몇 년간 방황했다. 정신적으로 약해져서 술에 절어 살고, 유흥에 많이 기댔다. 술집의 종업원들을 나의 신부神父님으로 삼아 매주 그분들께 고해성사하며 정신적으로 구원을 받았다는 착각에 빠져 살았다. 그때는 젊었으니 돈을 조금 벌고 펑펑 써도 괜찮았다. 술집에서 사람들과 어울려야 사회생활을 할 수 있다고 생각했고, 그 안에서 쌓은 헛된 명성과 이득에 득의양양하며 우쭐거리기도 했다. 코가 삐뚤어지게 취하도록 마시는 것은 성인의 특권이라고 여기며 나는 꽤 오랫동안 이런 생활을 이어갔다.

그러나 나이가 들어갈수록 이런 인간관계와 유흥은 부질없는 관계로 끝나는 경우가 많다는 사실을 깨달았다. 마치 흡혈귀처럼, 다음 날이 밝으면 이내 연기처럼 흔적도 없이 사라졌다. 처음 낯선 곳이나 새로운 환경에 발을 들이면 사람들은 불안감을 느끼고 사람을 사귀는 데 어려워한다. 이럴 때 술이나 유흥의 유혹에 빠지기 쉽다. 어두컴컴한 공간과 형형색색의 불빛에 취해 눈앞에 펼쳐진 세계가 전부라고 생각하게 된다.

보통 '알 거 모를 거 다 아는 사이'라고 언급하는 부류는 주로 밤에 만난 경우가 대부분이다. 술 몇 잔 기울이며 마음속 깊은 곳에 묻어두었던 이야기를 꺼내며 서로 솔직한 모습을 터놓았다는 것이다. 그럴 때면 "역시 너밖에 없다"를 외치며 헤어짐을 아쉬워하지만, 이런 사이일수록 밝은 대낮에 만나면 인사를 건네기조차 어색하다. 어려운 일을 당했을 때, 휴대전화 속 연락처와 메시지를 넘겨보지만 끝내 통화 버튼을 누르지 못한다. 알고 지낸 지는 오래되었지만, 나 자신도 알 수 없는 관계다. 술친구라고 부르기는 싫지만, 우리가 유흥가에서 만난 사이임은 틀림없다.

이전에는 친구를 이분법적으로 나누었다. 친구이거나 친구가 아니거나. 그러나 이런 단순한 논리에서 벗어나, 관계에서 가까워졌다가 멀어지기를 반복하다 보니 친구를 필요에 따라 나누고 분류하는 법을 터득하게 되었다. 사회에 발을 내딛으려면 우선 현실부터 배워야 하는 법이다. 눈치껏 대비하지 못하면 호구가 되는 것이다.

대학원에 진학하기로 결정한 여름방학, 수만 위안에 달하는 등록금이 필요한데 집안 형편이 좋지 않았다. 이제 대학교 4학년인데, 가난한 학생인 내게는 졸업작품 전시회 참가비, 학비, 생활비, 학원비까지 감당할 여력이 되지 않았다. 마치 거대한 블랙홀에 빠진 것만 같았다. 민감한 돈 문제를 남들에게 차마 꺼내지도 못하고 그저 내 블로그에 의기소침한 마음을 담은 글을 끄적거렸다.

며칠 있으면 학원비를 내야 한다는 초조함에 잠을 못 이루고 있던 어느 날 밤, 친구 T가 메신저를 보내왔다. 깊은 바다에 빠진 나는 어렵게 부목을 잡은 심정으로 그에게 내 가슴을 짓누르고 있던 고민거리를 몽땅 털어놓았다. 그로부터 며칠 뒤, 갑자기 T에게서부터 장문의 메시지가 왔다.

"네가 이런 걸 싫어하는 건 알지만, 나한테 모아놓은 돈이 조금 있어. 내년에 유학 가려고 모은 건데, 급하면 네게 먼저 빌려줄게. 나중에 갚을 수 있을 때 갚으면 돼. 너무 부담 가지지 마. 네가 멋진 사람이 될 거라고 믿어 의심치 않으니까. 너에게 도움이 된다면 정말 좋겠다. 우리 힘내자. 그래줄 수 있지?"

이미 몇 해 전 일이지만 그 메시지만 생각하면 아직도 눈물이 난다. 수렁에 빠진 나를 몇 번이고 끌어주고, 그 상황을 견뎌낼 때까지 곁에 있어준 친구는 모두 평소에 연락을 소홀히 했던, '보통 친구'들이었다.

술잔이 오가는 즐거운 장소에서는 판단력을 잃기 쉽다. 친구의 범위를 정할 때는 옳고 그름을 분명히 구분할 정도로 정신이 멀쩡히 깨어 있을 때여야 한다.

언젠가 취직차 타이베이에 온 친구 하나를 사귀게 되었다. 그 친구는 나에게 이렇게 물었다.

"원래 대도시 사람들은 다 이렇게 현실적이야? 다들 진심으로 상대를 대하지 않는 것 같아."

이제 막 고향을 떠나 사회생활을 시작해 아직 아무것도 모르는 순진한 친구들을 만날 때마다 나는 재빨리 나의 과거 경험을 공유하며 신신당부한다. 사회생활을 하다 보면 낯선 사람과의 만남을 피하기는 어렵다. 그리고 신뢰할 만한 괜찮은 사람을 만나기는 더욱 어렵다. 유흥과 술이 있는 장소에서 만난 인연은 당신의 얼굴과 이름을 보고 다가온 사람이 대부분이다. 목적이 있는 교제는 제대로 된 관계로 성장하기 힘들다.

유흥으로 만난 모든 관계를 절대적으로 두려워해야 할 필요는 없겠지만, 이 관계가 주는 위험을 사전에 공부할 필요는 있다. 쾌락을 좇다가 맺은 대인관계는 살짝만 어긋나도 쉽게 부서지고, 조금만 위험해도 상대는 화들짝 놀라며 도망가버린다. 귀청이 떨어져 나갈 만큼 시끄러운 클럽에 깊은 교류는 없다. 모두가 시끌벅적함만을 원할 뿐이다. 그 자리에 내가 있으나 없으나 별 차이도 없다.

평소에 마음이 맞는 친한 친구 서너 명과 서로의 목소리를 잘 들을 수 있는 장소에서 한번 만나보라. 알코올의 도움 없이도 분위기는 잘 달아오를 것이다. 매번 클럽에서 만나는 관계와 그럴 수 있을까. 평소에 만나지 않던 장소에서 상대를 만나보자. 일종의 대인 민감도 훈련을 해보는 것이다. 그렇게 해본다면 어떤 관계가 가벼운 관계이고 진중한 관계인지, 누가 쉽게 떠보기만 하는 사람이고 또 누가 내 마음에 뿌리를 내릴 사람인지 구분될 것이다.

결국 나는 돈 빌려주겠다던 T의 제안을 거절했다. 돈 때문에 우정을 망가뜨리고 싶지 않아서였다, 하지만 그의 따뜻한 마음만은 지금까지 잊지 않고 있다. 어떤 사람은 항상 당신을 취하도록 즐겁게 만들어주지는 않지만, 밝은 햇살이 내리쬐는 곳에서 당신을 조용히 기다리고 있다. 아무것도 바라지 않고 그저 당신이 잘 지내기만을 바라면서.

관계의 시작

클럽이나 술집에서 만난 인연은 '우연'으로 여기자. 맥주의 거품은 반드시 꺼진다. 상대가 정말 좋았다고 느낀다면 꼭 밝은 대낮에 술 없이 다시 만남을 이어가야 한다.

관계에도
유통기한이

있음을
기억할 것

나는 영화 〈중경삼림重慶森林〉을 무척 좋아한다. 홍콩으로 여행을 떠났을 때, 유명 관광지가 아니라 〈중경삼림〉 촬영지만 다녔을 정도다. 수십 번 돌려봐서 각 장면에 나온 음악, 대사 등을 달달 외우고 있다. 특히 매년 5월 1일에는 다음과 같은 영화 대사를 늘 떠올린다.

"1994년 5월 1일, 한 여자가 나에게 '생일 축하해요'라고 말해주었다. 그 한마디 때문에 나는 그 여자를 잊지 못한다. 만약 기억도 통조림이라면 나는 그 통조림의 유통기한이 지나지 않기를 바란다. 반드시 기한을 표기해야 한다면 만 년으로 하고 싶다."

관계에도 유통기한이 존재한다. 인연이 유지되는 기간 말이다. 사랑도, 우정도 마찬가지다.

언젠가 인터넷에서 진정한 우정이란 무엇인지 이야기하는 글을 읽은 적이 있다. 나의 가장 비참한 모습, 실연한 슬픔, 민낯, 잠옷차림, 산발한 머리를 스스럼없이 공유하고, 서로만의 애칭이 있으며, 생일이나 신발, 옷 사이즈까지 공유하는 사이라는 설명이었다. 구체적인 내용은 잘 기억나지 않지만, 나는 '절친'이라는 단어를 스스럼없이 쓸 수 있는 내 친구 R에게 그 글을 보내주었다.

당시에는 회사 조직 개편으로 엄청난 스트레스를 받고 있던 때였다. 우연히 화롄花蓮 무구무위慕谷慕魚 풍경 사진을 보게 되었다. 골짜기 사이로 맑은 물이 흐르는 아름다운 장관을 들여다보니 이내 편안해졌다. 이곳이라면 권태로운 일상을 치유받을 수 있을 것 같았다. 나는 바로 R에게 연락해 여행 계획을 짰다. 최근에 R과 친하게 지내는 H도 합류하기로 했다. 열차 좌석이 두 좌석씩 붙어 있어서, 네 명이 짝을 이루는 편이 나을 듯하여 내 직장동료 N도 불렀다. 그렇게 네 사람이 함께 여행을 떠나기로 했고, 나는 그 전부터 기대에 잔뜩 부풀었다.

무구무위에 오르려면 사전에 입산 신청을 해놓아야 한다. 우리는 인터넷으로 사전 신청을 걸어놓고 금요일에 퇴근하자마자 기차역으로 달려가 저녁 8시 열차를 타기로 했다. 그런데 당일 오후, 차표를 예약하기로 했던 R과 연락이 닿지 않았다. H에게 물어보니, 그 또한 연락되지 않는다고 했다. 각자 번갈아가며 전화도 걸고 문자도 남기는 등 수십 번 연락했다. 처음에는 초조했던 마음이 시간이 지날수록 점차 걱정으로 바뀌었다. R에게 무슨 일이 생긴 것 같다고 생각한 우리는, 그에게 먼저 연락이 올 때까지 무작정 기다려보기로 했다.

그런데 다음 날, H의 페이스북에 R과 함께 맑고 푸르른 물위에 누워 있는 사진이 게시되었다. 아름다운 자연 앞에서 함께 찍은 셀카를 올리는 것도 잊지 않았다. 둘은 무구무위였고, 우리가 함께 계획했던 일정대로 움직이고 있었다. 사진을 본 순간 내 마음속에 배신감이 불처럼 일었고, 곧바로 H에게 메시지를 보냈다.

"결론은 우리에게 거짓말한 거였네."

N과 나는 두 사람의 연락처를 삭제하고, 연락을 끊었다. 얼마 지나지 않아 R을 함께 아는 친구로부터 연락이 왔다. R이 화해하고 싶어 한다며, 말 좀 잘 전달해달라고 했다는 것이다. 친

구는 난감해하는 목소리로 말했다.

"내가 들어도 황당하긴 하더라. 그래도 너희 친구잖아. 대화
로 풀어보면 어때?"

친구의 말에 따르면 R은 그날 너무 기운이 다운된 나머지 여
러 명과 함께 여행하고 싶지 않았다고 한다. 한껏 들뜬 시끌벅
적한 분위기를 자신이 망칠까 두려웠다고 한다. 하지만 표도 이
미 사버렸고, 호텔까지 예약한 마당에 안 갈 수는 없었다는 것
이다. 그는 미안하다며 돈은 꼭 돌려주겠다는 말을 전해주었다.
친구에게 말했다.

"마음 써주어 고마워. 나는 아직 그 일에 화가 사그라지지 않
았고, 화가 난다는 것은 여전히 마음에 걸리는 게 있다는 거겠
지. 이번 일은 내가 용납할 수 있는 수준을 넘어섰어. 너와 더는
이 일로 이야기하고 싶지는 않아."

몇 해가 지나고, 쉽게 내려놓지 못하던 그때 감정을 이제는
조금 내려놓을 수 있게 되었다. R의 행동은 이기적이었다. 자신
의 감정만 생각하느라 타인의 감정을 들여다보지 않았고, 자신
의 기분을 솔직하게 고백하지 않은 채 회피했다. 문제를 만들어
놓고 해결할 생각은 하지 않고 마음대로 결정한 채 통보해버렸
다. 나중에 친구를 통해 건넨 화해의 메시지도 내가 보기에는

큰 의미를 담고 있지 않았다. 그마저도 자신의 죄책감을 덜기 위한 행동이었다고 생각한다. 그의 인생에 나라는 존재는 없었던 것이다.

상대가 나를 아껴주지 않으면 나도 상대를 아낄 필요가 없는 것이다. 아무리 친한 사이라고 해도 상대방의 마음을 온전히 헤아릴 수는 없다. 자기 생각에만 몰두하며 자신의 즐거움만 좇는 이에게 '서로를 배려해달라'는 말은 무의미하다. 이는 관계의 유통기한이 다 되었다는 시그널이다.

가끔 이미 망가져버린 관계를 다시 들여다볼 때가 있다. 시간이 지나면 감정도 희석되어서 그때 '나쁘다'고 느꼈던 관계가 특별히 나쁘게만 보이지 않기도 한다. 그러나 아무 일도 없었던 것처럼 다시 봉합하기에 두 사람은 이미 다른 세상을 살아가고 있다. 다시 만난다고 해도 전처럼 스스럼없는 사이가 되기는 힘들다.

전에는 잃을까 두려워 어떻게 해서든 손에서 놓지 않으려 노력했다. '좋은 게 좋은 거지' 하며 어떻게 해서든 싸우지 않고 원만하게 처리하려고 했다. 특히 친구들과의 관계에서는 더 열심히 노력했다. 그러나 이제는 안다. 덮어놓고 원만함을 추구하다가는 오히려 우정은 퇴색된다. 혼자서 붙잡고 있는 관계는 아무

런 의미가 없다. 관계는 서로 마음에 들어야 유지할 수 있는 것
이다. 상대를 보호하고 아끼는 마음이 있어야만 '친구'라는 단어
를 붙일 수 있다.

　어떤 관계든 유통기한은 존재한다. 더는 상대가 나를 소중하
다고 느끼지 않는다면 그 관계는 이미 기한을 다한 것이다.

◇◇◇◇◇◇◇◇◇◇

관계의 유통기한

관계에는 서로를 향한 배려심이 기본 전제가 되어야 한다. 상대에 대한
배려가 사라졌다면 더는 지속할 수 없다.

오랜 세월이
깊은 관계의 조건이라

착각하지
말 것

최근 한 패션 행사에 참석했을 때 일이다. 멀리서 내 이름을 부르는 소리가 들려 돌아보았다. 무전기와 파일을 든 F가 그 자리에 서 있었다. 그는 나를 보자마자 와락 껴안았고, 나 역시 반가운 마음에 큰 소리로 말했다.

"오늘 정신없이 바쁠 텐데 어떻게 여기까지 왔어?"

F와 짧은 인사를 나누며 격세지감을 느꼈다. 그와 마지막으로 만났던 게 벌써 1년 전이었다. 같은 나라, 같은 도시, 같은 업계, 심지어 한 건물에 살고 있지만 얼굴 볼 시간을 내지 못했던 것이다. 요즘 인간관계는 마치 신기루 같다. 눈에 보이지만 만질 수가 없다.

매일매일 정신없이 지나가다 보니 친구보다 고객을 만나는 일이 더 많아졌다. 가끔 짬이 나도 가족들을 챙기기에 바빴다. 종종 친구들과의 즐거웠던 일들을 떠올리곤 하는데, 생각을 많이 할수록 왠지 쓸쓸함이 밀려오곤 했다. 열심히 쌓아왔던 우정이 시간이 지남에 따라 과거로 변해버린 것 같아서다.

며칠 전, 인스타그램을 보다가 친구 Y가 우울해하고 있다는 사실을 알게 되었다. 곧바로 메시지를 보냈다. 괜찮다는 소리를 들었음에도 걱정이 되었다. 그의 게시물을 캡처해서 다른 친구에게도 보여주었다. 그 친구는 대수롭지 않다는 듯이 "걔는 매일 그런 상태 아니야? 나는 팔로우 끊은 지 오래되었어"라고 대답했다.

지속되는 않는 소리를 당해낼 사람은 없다. 매사에 부정적인 에너지만 내뿜는 친구와 함께하고 싶은 사람이 얼마나 있을까.

어떤 사람들은 SNS를 주 소통창구로 사용한다. 일이 잘 안 풀려도 게시물을 올리고, 좋아하는 사람이 생겨도 게시물에 고백하며, 집에 혼자 쓸쓸하게 있을 때면 더더욱 게시물을 올린다. 모든 게시물이 자신을 북돋우는 메시지처럼 보이지만, '나를 들여다봐 줘'라고 말하는 정서적 협박을 포장한 말에 불과하다. 항상 남들과 자신을 비교하며 불행해하지만, 그렇다고 자신을 바꿀 생각도 없고 변하기 위해 노력하지도 않는다. 풀이 죽어 있는 듯하지만, 이는 부족한 자신을 탓한다기보다는 잘나가는 상대가 샘이 나서 그러는 것이다.

Y는 마치 갓난아기처럼 자신의 연약함을 드러내며 울음소리로 주의를 끄는 것이다. 한두 번은 사람들이 따뜻한 관심을 보여주고 사랑을 주기 위해 벌떼처럼 몰려올지도 모른다. 그러나 거듭되는 자기비하에 곧 실망하고 돌아서게 된다. 곧 Y의 지난 언행을 떠올려보았다. 그는 주변 사람 가운데 누군가 실연을 당하거나 일자리를 잃어 낙심해 있을 때조차 먼저 관심을 표하고 위로한 적이 한 번도 없었다. 주변 친구들도 곧 주기만 하는 관계에 지쳐버리고 말았다. 다들 하루하루가 얼마나 바쁘고 삶에 중요한 일이 얼마나 많은데 허구한 날 그를 어르고 달래줄 수 있겠는가.

어른의 세계에서 가치가 없는 관계는 지속되기 어렵다. 나이가 들수록 많은 문제를 순수하게 바라보기 어렵게 되기 때문이다. 다들 바쁘고 부족한 시간에 짬을 내어 만나는 것이니 그 시간이 좀더 가치 있기를 바라는 것은 당연하다. 단지 '호감'만으로는 관계를 오래 유지할 수 없다.

누구도 내 감정의 쓰레기통이 될 수는 없다.

나는 불필요한 감정 소모를 줄이고 싶어 혼자 있는 것을 즐기는 편이지만, 그와 동시에 나와 맞는 사람과 교류하고 싶은 마음도 존재한다. 지금 내게 가장 중요한 것은 '성장'이다. 서로 도우며 미래를 함께 도모할 이가 있다면 나는 절대 그 관계를 놓치지 않을 것이다.

나이가 들수록 시간이라는 관점이 달라진다. 얼마나 오래 알고 지낸 사이인지는 크게 중요하지 않다. 서로 얼마나 좋은 에너지를 주고받는지가 중요하다. 그렇다고 '나에게 가치가 없는 관계다'라고 판단했다고 해서 가차없이 관계를 끊을 필요도 없다. 서로에게 공감대가 없다면 자연스럽게 끊어지게 마련이기 때문이다.

친구들과 만날 시간이 많지 않지만, F처럼 가끔 만나도 따뜻하게 안아주는 사람이 있다. 만나지 못했던 시간 동안 F는 일과 가정을 보살피느라 바빴다. 하지만 나에게 도움이 필요한 순간에 그는 내가 먼저 말을 꺼내기도 전에 제일 먼저 나타나준다. 지금 내 앞에 보이지는 않지만 언제나 곁에서 나를 응원해주고 있다는 따뜻함을 느낄 수 있는 관계에 집중하자.

눈앞에 당면한 관계에 연연해할 필요가 없다. 10년 후, 20년 후 나는 어떤 삶을 살아갈 것인지 상상해보고, 그 인생의 길을 누구와 함께 걷고 싶은지 떠올려보자. 좋은 친구라면 이 인생의 길에 짐이 되지 않을 것이다. 나만의 세계를 힘차게 걸어갈 수 있도록 응원해주고, 인생의 틀을 잘 다듬어갈 수 있도록 조언해주며, 인간관계 속 크고 작은 일들을 함께 짊어지고, 인생이라는 나무의 뿌리를 단단하게 내릴 수 있도록 성장에 도움을 줄 것이다.

◇◇◇◇◇◇◇◇◇◇

**우리가 진정으로 원하는
관계란**

도움이 필요할 때 제일 먼저 손을 내밀어 나를 이끌어주는 사람, 언제 만나도 늘 따뜻하게 안아주는 사람과 함께 걸어가는 것.

사랑을
제대로
시작하고

오래
지키기 위한
관계 원칙

사랑에
관하여

사랑이 난해한 건 상대에게 너무 많이 기대하게 되기 때문이다. 집착할수록 관계는 어그러진다. 사랑은 나 혼자 하는 것이 아님을 잊지 말아야 한다. 그리고 하나의 관계가 끝났다면 충분한 시간을 들여 애도해야만 한다. 상처입은 스스로를 달래주는 시간이 필요하다. 과거와 화해하지 못하면 미래를 받아들일 준비를 할 수가 없기 때문이다. 진부한 이야기 이지만, '시간이 모든 것을 해결해준다'는 말은 진실에 가깝다. 시간이 지나면 아무렇지 않게 이별을 받아들이는 순간이 올 것이다.

사랑에 빠지기도, 실망하기도 하며 결국 아무렇지 않게 이야기할 수 있는 나이가 되었다. 이제는 사랑과 이별에도 태연하게 대면할 수 있어야 한다. 당신과 맞지 않는 사람이라면 기꺼이 놓아주는 용기가 필요하다.

마음으로
소통할 수 있는

사람을
찾을 것

서른이 넘으면 연애에도 현실적인 문제들이 끼어들기 시작한다. 이전처럼 마음이 이끄는 대로 상대를 고르는 것이 아니라, 실용적으로 생계 문제도 고려하고, 아이 양육을 함께 책임질 수 있는지도 가늠해보는 등 다가올 미래를 좀더 구체적으로 고민해보게 된다.

원래 인생은 선택의 연속이다. 모든 것을 다 갖춘 사람을 찾기는 불가능하다. 평범한 우리에게 경제력과 외모, 성격까지 완벽한 상대를 만날 행운은 일어나지 않는다. 그나마 조금이라도 낫거나 말이 통하는 상대를 골라 아쉬운 대로 맞추어 살아갈 수밖에 없다. 그마저도 타협이 안 되면 솔로의 삶을 선택하는 것이다. 나처럼 말이다.

솔로들은 또 다른 솔로들을 찾아 함께 있기를 좋아한다. 어차피 데이트할 사람도, 책임질 가정도 없으니 아무리 늦은 시간이어도 전화 한 통이면 만날 수 있다. 그리고 우리는 직장에서는 나름 강자들이다. 막강한 힘을 발휘할 정도는 아니지만, 어느 정도 쌓은 경력으로 혼자서 일을 해결할 수도 도움을 구할 수도 있다.

하지만 연애 문제 앞에서는 모두 한없이 약해진다. 자신을 팔리지 않는, 유통기한이 임박한 상품이라고 자조하고는 한다. 한번은 거나하게 취한 D가 큰 소리로 이런 말을 했다.

"몇 년 뒤에도 혼자라면 까짓것 지금을 즐기는 편이 낫겠어. 그냥 반반한 애 만나서 연애나 실컷 하지 뭐. 어차피 돈이란 티끌 모아 티끌인 법이니까."

나는 냉담하게 말했다.

"돈은 미래의 너를 위해 남겨두는 편이 나아. 부모님 모실 때도 돈은 필요해. 아니면 노후를 준비하든지. 내일 없이 놀다가 막상 그 내일이 닥치면 어쩌려고 그래?"

"물론 그렇다고 전혀 사랑하지 않는 사람을 찾겠다는 말은 아니야."

D가 말했다. 거기에 나는 한마디 더 보탰다.

"진심으로 너를 사랑하는 사람은 네 돈 1원도 탐내지 않을걸? 오히려 돈을 함부로 쓴다고 뭐라고 하겠지. 급하다고 무턱대고 아무 지푸라기나 잡지 마. 너를 좀더 소중히 여기라고."

내일 없이 오늘을 소비하며 아무나 만나겠다는 다짐은 자칫하면 잘못된 관계에 발을 담그게 한다. 몇 년 전 알게 된 A는 처음 알고 지냈을 때만 해도 순수한 고등학생이었는데, 지금은 유명한 인플루언서가 되었다. 언젠가 그는 소셜미디어에 자신의 근육질 몸매를 자랑하는 사진을 몇 장씩 올리기도 했다. 서른도 되지 않은 그는 호화로운 집도 장만한 상태였다. A와 몇 번 만났던 친구는 그 이야기를 전하며 이렇게 말했다.

"A가 지금 누구와 사귀는지 알아?"

A는 연애스토리도 굉장한 것 같았다. 우연한 기회에 연예계 유명인사를 만났고, 두 사람은 스무 살의 나이차를 극복하고 금방 사랑에 빠졌다. 그리고 얼마 지나지 않아 A는 애인의 저택으로 이사를 갔고, 애인이 해외 출장을 가면 혼자 남아 그 집을 지키고는 했다. 그가 올리는 호화로운 집 사진은 애인의 것이었다.

하지만 얼마 지나지 않아 둘은 헤어졌다. A는 먹고 마시고 노는 시간을 즐길 뿐이었으나, 상대는 기쁠 때뿐 아니라 힘들고 어려운 시간마저 같이 겪어나가는 상대를 원했던 것이다. 그 관계가 A에게 남긴 것은 호화로운 저택에서 찍은 사진 몇 장뿐이었다.

서로의 부족한 부분을 서로가 메워줄 줄 알아야 좋은 관계를 유지할 수 있다.

아무렇게나 놀고 아무나 만나는 것은 쉽다. 돈이나 외모가 사람을 끌어당기는 첫 번째 요소가 될 수는 있다. 그러나 사람은 결국 공감을 갈망하게 된다. 사람이 나이가 들면 물질적인 것은 더는 중요한 요소가 되지 않는다. 그러니 누군가를 만날 때, 하물며 함께할 짝을 찾을 때는 좀더 신중해야 한다.

고생도 하고 이별도 겪어보며 이제 겨우 외로움을 이길 수 있는 나이가 되고 보니 돈으로 살 수 있는 즐거움에는 별로 관심이 없어졌다. 나와 맞는 사람이란 그저 함께 지내는 수준을 넘어 마음으로도 소통할 수 있는 사람이다. 어깨동무하고 좋아하는 밴드의 노래를 함께 부르며 상대가 도취한 모습을 훔쳐보고, 한 해의 마지막 날에는 어디도 가지 않고 집에 머물며 영화 〈러브 액츄얼리Love Actually〉를 함께 보고 싶다. 수없이 보았던 영화지만 종이를 넘겨 가며 사랑 고백을 하는 장면은 언제 보아도 감동적이다. 이렇게 함께 어깨를 마주하고 울며 마음을 나누고 더 깊이 사랑할 수 있는 사람이야말로 나와 '맞는' 사람이다.

◇◇◇◇◇◇◇◇◇

나와 맞는 사람

혼자 쓸쓸하게 늙어가는 것보다 자신과 맞지 않는 사람과 평생을 함께 살아가는 것을 더 걱정해야 한다.

타인의
기준에 맞춰

사랑과 행복을
구하지 말 것

종종 전 직장동료들을 만난다. 우리는 같은 회사에서 일하다가 이제는 각자의 직장으로 흩어졌다. 만나면 서로의 근황을 주고받다가 일상에서 겪는 어려움과 불평불만을 하나둘 토로하며 함께 해결책을 찾아내기에 바쁘다. 서로의 웃음소리가 뒤엉킨 열띤 토론의 장이 벌어진다. 노래방에서조차 마이크를 들고 음악은 끈 채 이야기를 한다. 그러다 보니 요즘에는 시끌벅적한 장소보다는 조용히 앉아 이야기를 나눌 수 있는 장소를 찾아간다. 비록 같은 직장, 같은 동료로서의 인연은 지나갔지만, 우리는 여전히 좋은 친구다.

그러다가 자주 모이던 이들의 삶이 급격하게 방향을 틀었다.

연애와 결혼, 출산 등으로 삶은 크게 나뉘었다. 새로운 가정이 생긴 친구들은 점차 모임에 나오는 횟수가 뜸해졌다. 솔로이거나, 연인이 있어도 아직 깊은 사이는 아닌 이들이 하나둘 조급해하기 시작했다. 한번은 술을 먹다가 한 친구가 울기 시작했다.

"나만 빼고 다들 행복을 찾아 떠났어."

친구는 하염없이 목 놓아 울었고, 그 모습을 보니 나까지 덩달아 눈시울이 뜨거워지며 마음이 아려왔다.

D는 친구들 가운데 가장 결혼을 바랐던 친구다. 빠릿빠릿하고 책임감이 강한 타입이지만 자신이 슈퍼우먼처럼 보이고 싶어 하지는 않는다. 강해 보이면 남자에게 사랑받지 못한다고 생각하기 때문이다. 남자들은 부드럽고 순한 여자들에게 끌린다고 보는 것이다. 몇몇 친구가 결혼해 행복한 가정을 꾸리고, 매번 커플들끼리 모임에 참석하다 보니 D는 점점 더 조급해졌다. 결혼하고 싶은 마음에 선 자리에도 나가보았지만 안타깝게도 아직까지 적절한 짝을 만나지는 못했다. 종종 친구들끼리 이런 이야기를 나눈다.

"내 조건이 너무 까다로운가? 아니면 내가 결혼하기에 부족한 것일까?"

뜨거움을 좇는 나이가 지나고 지금의 싱글 라이프가 나쁘지 않다면 분위기에 휩쓸려 일부러 자신을 바꿀 필요는 없다. 결혼은 반드시 해결해야 할 숙제가 아니다.

그러나 결혼한다고 해서 무조건 행복해지는 것은 아니다. 결혼은 생각처럼 간단하지 않다. 사랑만으로 결혼할 수는 없다. 하다못해 연애만 해도 만나고 헤어짐을 반복하는데, 평생 함께할 사람을 만나는 일이 쉬울까. 나에게 적당한 인연이 아니라면 차라리 만나지 않는 편이 나을지도 모른다.

게다가 사랑하는 사람과의 관계가 꼭 한 가지 형태로만 존재할 필요는 없다. 결혼이 미래로 향하는 유일한 통로라는 생각도 편협하다. 종종 친구들은 '빨리 사랑하는 사람을 찾지 않으면 독거노인으로 늙어 죽게 된다'며 으름장을 놓고는 한다. 그러나 누군가와 함께한다고 해서 외롭지 않은 것은 아니다. 정말 무서운 것은 혼자 살게 될지도 모른다는 사실이 아니라, 고독과 대면하는 법을 모른다는 현실이다. 혼자든, 둘이든, 4인 가족이든 삶의 중심을 찾고 스스로 서야 하는 것은 마찬가지다. 그리고 결혼한다고 외롭지 않으리라는 보장도 없다. 아무리 잘 맞는 상대라고 해도 이별이든 사별이든 언젠가는 헤어지게 마련이기 때문이다.

어머니가 사회생활에서 은퇴하기로 결정하셨을 때, 나는 무척 걱정스러웠다. 평생 가정에 헌신하고 남편과 자식들을 위하다가 이제는 일까지 그만두시니, 무미건조해진 삶이 어머니를 외롭게 할까 싶어서다. 어머니의 뒷모습이 유난히 작아 보여 안쓰러웠다. 그런 어머니의 모습을 보고 있자니 만약 어머니가 결혼을 선택하지 않았다면 지금 어떻게 살고 있을지 궁금해졌다. 노련한 사업가가 되셨을까, 아니면 우아하고 패셔너블한 커리어우먼이 되셨을까? 어머니는 지금 행복하다고 말씀하시지만 가족 때문에 희생하고 포기해야만 했던, 차마 가보지 못한 삶을 궁금해하고 후회하고 계실지도 모른다. 어머니는 가족을 위해 너무 많은 것들을 포기해야만 했을 테니까.

나는 사랑에 관해 자주 이야기하지 않는다. 남들에게 '사랑을 꼭 해야 한다' 또는 '절대 하지 말아야 한다'라고 부추기는 게 될까 봐서다. 같은 상황이 일어난다고 해도 각자의 결말은 분명 다른 법이다. 감동적인 사랑 이야기가 아무리 많다고 해도 내 사랑이 그러리라는 보장은 없다. 게다가 '행복한 인생'이란 한두 가지로 정의되지 않는다. 좋은 남편과 아내, 예쁜 자식으로 이루어진 일반적인 가정이 구성원에 따라 행불행을 나누어 가지

듯이, 혼자 사는 사람도, 반려동물과 함께 사는 사람도, 편부모 가정도 행복할 수도 있고 또 불행할 수도 있다. 나는 결혼하지 않은 것이 불행한 게 아니라, 잘못 선택한 사람과 삶을 공유하는 것이야말로 불행이라고 생각한다. 인연이란 시작하기는 쉬워도 끝내기는 어려운 법이다. 그것이 결혼이라면 더욱 그렇다.

방황하지 말자

인생은 길고도 길다. 타인의 삶을 행복의 기준으로 삼다 보면 자신이 나아갈 방향을 잃고 헤매게 될지도 모른다.

한쪽만 애쓰는
관계라면

미련 없이
놓아줄 것

지금도 종종 베를린으로 돌아가는 꿈을 꾸곤 한다. 처음 방문했
던 1월 베를린은 무척 추웠고, 일조시간이 짧아 해를 몇 시간밖
에 볼 수 없었다. 그럼에도 나는 그 도시와 사랑에 빠졌다. 박물
관 섬에 가던 날에는 꽤 많이 걸어야 했다. 시간을 아끼려면 버
스보다는 지하철을 선택하는 편이 나았지만, 혼자 하는 여행이
라 시간에 쫓길 필요도 없었고, 가는 길에 예쁜 엽서 한 장을 사
고 싶어서 일부러 버스를 선택했다. 따뜻한 커피 한 잔을 마시
며 해가 어둑해질 때까지 강둑에 앉아 하염없이 석양을 바라볼
수 있었다. 언젠가 강하게 호감을 느꼈던 친구인 N이 이곳에서
나에게 보냈던 엽서 내용이 생각났다.

"베를린은 정말 좋아. 나중에 기회가 되면 꼭 한번 와봐."

아쉽게도 그 엽서를 받았던 순간에는 이미 N에 대한 애매한 감정을 정리하고 난 뒤였다. 그럼에도 우리가 함께했던 시간만큼은 참 좋은 기억이어서, 몇 년이 지났음에도 N이 머물렀던 그 도시에 여행을 가 그가 있었음 직한 곳을 그렇게 찾아 헤맸다.

언젠가 몇 번쯤 그에게 연락을 취했다. 생일 축하한다고 말하고 싶어 N에게 전화를 걸기도 했다. N은 전화를 받지 않았고, 메시지에 답장도 보내지 않았다. 그럴 수 있는 것인데, 당시에는 어찌나 실망감이 컸는지 나는 잠도 제대로 이루지 못했다. 그렇게 목구멍에 걸려 내려가지 않는 가시처럼 N은 내 속에 남아 따끔거렸다. 나는 왜 그렇게 아파했을까. 아마도 우리 관계가 특별했다고 나 혼자 착각했기 때문이었던 것 같다.

N과 연락이 뜸해지고 얼마 지나지 않아 나는 이직 문제로 상하이로 떠나게 되었다. 타이베이를 떠나기 전날 밤에 그에게 작별의 메시지를 한 통 보냈다. 몇 분 후 답장이 왔다. N은 무척 다급하게 지금 곧바로 내가 있는 곳으로 갈 테니 출발하기 전에 꼭 한 번 만나자고 했다. 나는 그때 왜 답장하지 않았느냐고 묻지 못하고 아무렇지 않은 듯이 "시간이 많이 늦었어. 고맙지만 마음만 받을게. 잘 지내"라고 말했다.

다시 타이베이로 돌아오게 되었을 때 N과 연락이 닿았다. 급하게 돌아온 바람에 아직 정리해야 할 일들이 산더미였지만 어째서인지 N을 만나는 게 먼저라고 생각했다. 다시 만난 N은 나에게 앞으로 무슨 일을 하고 싶은지 물었다.

"새로운 일자리도 찾고, 함께할 좋은 사람도 만나야지."

당시에 나는 일하는 데 집중하느라 정작 제대로 된 연애는 하지 못했다. 어쩌면 N을 향한 마음을 다 정리하지 못해 새로운 사람을 만나지 못했을지도 모르겠다. 내가 이 말을 꺼낸 뒤에 우리 사이에는 약간의 정적이 흘렀고, 나는 또 이 게임에서 졌다는 사실을 알 수 있었다. 만약 그도 나에게 마음이 있다면 이런 반응을 보일 리가 없었다.

사랑에서 아웃포커싱은 위험하다. 상대의 사소한 한마디와 '어쩌면', '혹시'라는 기대감을 확대해석하다 보면 마음은 마음대로 다치고, 시간은 시간대로 소모하게 된다.

우리의 애매한 관계에 마음을 쏟은 기간이 장장 7년이었다. 그 기간 동안 나는 걷힐 줄 모르는 안개 속에 갇혀 방향감각을 잃고 헤매는 아이가 된 기분이었다. 그날 나는 술기운을 빌려 N

에게 그간의 감정을 솔직하게 털어놓았다. 그제야 N은 내가 자신을 얼마나 마음에 두고 있는지 알게 되었다고 했다. 그러니까 N에게는 내가 이성으로서 큰 의미가 없는 사람이었던 것이다. 마음에 없는 사람이 자신의 사소한 행동 하나하나를 기억하고 있다면 분명 부담스러웠을 것이다. 그렇게 어렴풋이 느끼고 있었지만 한동안 외면하고 싶었던 현실이 눈앞에 드러났다.

우리는 그날 고꾸라지도록 마셨다. 잔뜩 취해 쓰러진 N 옆에 놓인 휴대전화 화면에 누군가의 다정한 메시지 한 통이 뜨며 내가 줄곧 후보 선수에 불과했다는 사실을 알려주었다. 나는 조용히 자리를 떠났다. 집까지 15분밖에 걸리지 않는 그 거리가 마치 한 세기처럼 길게 느껴졌다. 집에 도착한 나는 이 관계에서 벗어나야겠다고 생각했다. N이 나를 볼 수 있고 찾을 수 있는 모든 통로를 차단하고 그동안의 기억도 함께 봉해버리자 오락가락하던 감정들도 사라져 한결 가벼워짐을 느꼈다. 그렇게 우리 인연은 안녕을 고했다.

얼마 지나지 않아 N에게 새로운 사람이 생긴 사실을 알게 되었다. 상대는 나도 아는 사람이었다. 두 사람이 함께 거실 소파에 앉아 찍은 사진에는 행복이 느껴졌다. 우리가 처음 만났을 때 N의 표정이나 주고받은 대화 내용 등을 하나하나 떠올려보았다. 내 눈을 똑바로 바라보지 못했던 그 모습과 긴장된 분위기를 풀기 위해 아무 말이나 던졌던 장면들. 지금 생각하면 그 순간만큼은 진실했던 것 같다. 그러나 N이 꿈꾸는 이상적인 삶에 내 자리는 없었다.

　그때의 나는 깊이 생각하지 못했다. 나를 그다지 좋아하지 않는 사람과 관계를 이어가는 것이 얼마나 아픈지 말이다. 당신을 좋은 친구로만 여기는 사람을 짝사랑하면 그 사람과의 관계에서는 아픔만 더해간다. 대등하지 못한 사랑 앞에 좀더 솔직해질 필요가 있다. 나를 사랑하지 않는 사람을 놓아주고, 상대가 내가 아닌 다른 사람과 행복해하는 모습을 기쁜 마음으로 받아들인다면 한결 가벼워질 것이다. 비록 지금 당장은 아프겠지만 말이다.

　한 사람만 노력해서 이어지는 관계는 두 사람 모두에게 부담스러울 뿐이다. 당신이 그 사람의 손을 놓아주면, 그 사람은 자신이 진심으로 원하는 사람의 손을 꼭 붙잡을 수 있다. 설령 당신은 마음 아프더라도 그들에게는 더없이 좋은 일이다. 억지로 이어지는 관계에서 남는 것은 상처밖에 없다.

　그렇게 나는 독일에서 찍은 사진 한 장 한 장을 러브스토리를 주제로 한 연극 한 편을 보듯 넘겨보았다.

지금은 N의 이름을 들어도 그를 놓친 게 아쉽다는 생각이 들지는 않는다. 그리고 그와의 관계에서 잃거나 얻은 것에 집착하지 않게 되었다. 좋아한다고 진작 말하지 못한 것, 전하지 못한 진심, 삼키지 못한 씁쓸한 감정들은 한순간에 눈 녹듯이 사라져 버렸다.

◇◇◇◇◇◇◇◇◇

상대가 나를 그다지
좋아하지 않는다면

선택받지 못했다는 것은, 당신은 그 사람이 생각하는 이상적인 상대가 아니라는 말이다. 한 사람만 노력해서 이어가는 관계는 두 사람 모두에게 불행이다. 기꺼이 놓아주자.

나를
최우선으로
생각해주는
사람과 만날 것

종종 관계의 오류에 빠지는 여자들을 만난다. 상대를 사랑하는 마음에 너무 빠져 있다 보니 기울어진 권력관계를 그대로 수용하는 것이다. 그들은 자신의 마음속 외침을 무시하고, 기울어진 이 관계를 '스스로 원한 자리'라고 믿는다. 예컨대 상대가 바람둥이거나 유부남일 경우, 자신이 원해서 '세컨드 자리'를 유지하는 것이라고 변명한다.

"세컨드 자리도 나쁘지는 않아. 우리는 서로에게 매달리지 않는 쿨한 관계거든. 서로가 원할 때만 만나는 사이야."

이런 말을 들을 때마다 상대에게 묻고 싶어진다. 가슴에 손을 얹고 정말 그 관계에 만족하냐고, 혹시 첫 번째 자리를 원한다고 이야기하는 순간 그 관계가 한순간에 깨질까 두려워하고 있는 게 아니냐고 말이다.

이러한 관계의 오류에 빠진 여자들은 대부분 상대의 "너를 사랑해. 하지만 지금 사정이 안 좋아서 그래"라는 말을 철석같이 믿고, 아무리 황당한 대우를 받아도 참고 견딘다. 안타까운 노릇이다.

2년간 솔로로 지내던 친구 B는 우연히 데이팅 앱에서 한 유부남과 연락을 하고 지내게 되었다. 처음에는 외로움을 달랠 목적으로 연락을 주고받았지만, 이야기를 나누다 보니 대화도 잘 통했고 재미있었다. 결국 시간이 지남에 따라 자연스럽게 두 사람은 사귀는 사이가 되었고, 그렇게 3년이 지났다. 만나는 동안 B는 상대에게 모든 것을 맞추어주었다. 이미 아내가 있다는 사실을 알고 있었지만 마음이 끄는 건 어찌할 수 없었나 보다. B는 남자가 쉽게 이혼할 거라 생각하지도 않았고, 그를 곤란하게 만들고 싶지도 않았다. B는 자신이 남자에게 0순위가 될 수 없다는 사실을 잘 알고 있었다. 그래서 그저 두 번째 자리로 만족하기로 했다.

처음에는 자연스럽게 관계의 두 번째 자리에 앉더니, 이후 B의 희생은 점점 정도를 넘어섰다. 가정이 있는 남자를 만나다 보니 데이트 시간도 무척 짧았다. B는 그 시간이 너무 소중해서 뭐라도 해주고 싶었는지 만날 때마다 옷이며 신발, 건강보조식품까지 온갖 선물을 사다 바쳤다. 심지어 남자의 부인이 산후조리를 하러 간 사이에 자진해서 그 집에 가 빨래와 청소는 물론 아기 방 정리, 강아지 밥 주는 일까지 도맡아 하고는 아내 몰래 사라졌다. 우렁각시가 따로 없었다. B는 말했다.

"나는 이 자리에 만족해. 진심이야."

안타까운 마음에 친구에게 결국 참지 못하고 직언을 날렸다.

"너는 너무 단순해서 탈이야. 좀더 세게 말해줄까? 지금은 두 번째이지만 언제 세 번째, 네 번째로 밀려날지 알 수 없어. 왜냐고? 한 번 바람피운 남자는 계속 피거든. 그리고 네가 아무리 노력해도 그 사람은 결국 다른 여자의 남편이고, 너를 아무리 사랑해도 결국 그 집 아이의 아빠야."

그 쓰레기 같은 남자가 B를 얼마나 사랑하는지는 모르겠지만, 그 사랑의 깊이는 한없이 얕을 것이다. 그렇지 않다면 이렇게 B가 스스로를 희생하고 마음고생하는데 모른 척할 리가 없다. '진심으로 사랑한다'는 마음이 '나를 함부로 해도 된다'와 동의어일 수는 없다. 나의 존재와 우리의 관계를 소중하게 여기지 않는 사람에게 애쓰는 것은 시간낭비다.

나를 최우선으로 생각해주는 사람과 관계를 맺자. 나를 후순위
에 두는 사람은 나를 사랑하는 것이 아니라 그저 '좋아하는' 것뿐
이다.

완전한 사랑이란 두 사람이 진심으로 서로 소통하고 소중히
대하는 것이다. 상대에게 더 주지 못해 아쉬워하고 더 신경 쓰
고 관심을 가지며 모든 것을 주어도 아까워하지 않는 것이다.

그룹 비틀스The Beatles가 해산하는 데 오노 요코Yoko Ono가 직간
접적인 영향을 끼쳤다는 이야기를 들어본 적이 있을 것이다. 로
큰롤의 대부인 존 레넌John Lennon은 모든 것을 포기하고 사랑하는
여자에게 갔다. 비틀스를 사랑했던 팬들에게는 비극이었겠지
만, 두 사람에게는 사랑보다 더 중요한 게 없었을 것이다. 레넌
은 요코에게 기댄 채 이렇게 말했다.

"이 사람은 제 인생에서 가장 중요한 여자입니다. 저는 늘 이
사람과 함께할 겁니다."

상대를 보호하려 최선을 다하고, 상대에게 의지하고, 상대를
위해 이 세상 모든 나쁜 것을 막아서려 노력하는 것. 이것이 진
짜 사랑이 아닐까.

그 일이 있고 한참이나 지나서야 겨우 환상에서 빠져나온 B는 나에게 자신을 온전히 사랑해줄 사람을 찾고 싶다고 말했다. 이제는 그 쓰레기 같은 남자에게 헌신할 필요가 없음을 깨달은 것이다.

안정적인 관계를 원한다면 반드시 대등해야 한다. 상대가 당신을 아끼지 않는다면, 당신도 상대를 생각해줄 필요가 없다. 당신을 사랑하는 사람이라면 당신이 조금도 상처받는 것을 원하지 않는다는 사실을 명심하라. B가 다음 사랑을 만날 때는 진심을 담아 서로 대접하고 또 대접받기를 진심으로 바란다.

◇◇◇◇◇◇◇◇◇
**사랑한다면
상처받지 하지 않는다**

한쪽으로 기울어진 권력관계는 언젠가 바닥이 드러나게 되어 있다. 파국을 맞이하기 전에 스스로 빠져나와야만 한다.

랜선 연애는

현실과 다름을
기억할 것

나는 물건을 잘 버리지 못한다. 고향 집에 가면 내가 버리지 못한 물건들이 골동품처럼 가득 쌓여 있다. 예전에 살던 집 문패부터 어릴 적 부모님 가슴에 달아드렸던 빨간 카네이션 종이, 고등학교 시절에 들고 다녔던 책가방, 친구들과 함께 찍은 스티커 사진, 주고받은 크리스마스카드와 편지, 엽서, 쪽지까지 벽장 안에 한가득 들어 있다.

가끔 창고를 뒤져 중고등학교 때 듣던 음악 테이프나 시디를 찾을 때도 있다. 오래된 시디플레이어로 그 시절 노래를 들어보면 마치 타임캡슐을 타고 과거로 거슬러온 것 같은 착각이 들기도 한다. 그때의 내가 친구들을 위해 썼던 글, 친구들이 나를 위해 썼던 글들에 담긴 마음이 느껴져 쉽게 버리지 못하고 여전히 가지고 있다. 그 많은 엽서와 편지 가운데 내 마지막 연애 상대였던 E가 보내준 것들이 눈에 띈다.

E와 나는 소셜미디어에서 만나 장거리 연애를 했다. E는 런던에서 일하고 있었고, 나는 타이베이에 살았다. 우리는 서로를 팔로우하다가 대화를 이어갔고, 농담을 주고받다가 서로의 웃음 포인트가 비슷하다는 사실을 알게 되었다. 대화가 즐겁다 보니 점차 채팅을 주고받는 횟수가 늘어났고, 어쩐 일인지 전화 통화를 별로 즐기지 않던 내가 어느새 그 사람과는 몇 시간씩 수다를 떨어도 아무렇지 않은 사람이 되었다.

그 사람은 내게 어딘가 특별하게 느껴졌다. 당시에 나는 별자리에 심취해 있었고, 친구들의 별자리를 보고 점치는 것을 즐겼다. 하루는 생일과 태어난 날에 맞추어 별자리로 연애 운을 봐주고 있는데 E가 이렇게 말했다.

"우리는 어떤지 좀 살펴봐. 연애하면 잘될 가능성이 얼마나 있는지."

순간 우리 둘 사이의 미묘한 분위기가 생겼다. 이전까지는 이야기가 잘 통해 종종 같이 채팅하는 친구 사이였을 뿐인데, 갑자기 마음이 설레는 상대로 다가왔다. 얼마 뒤에 E는 유럽으로 배낭여행을 떠났다. 그는 새로운 도시에 도착할 때마다 나에게 엽서를 써서 보냈다. 엽서는 총 여섯 장 왔는데, 대부분 안부를 묻는 내용이었다. 그 안에 우리 사이의 애매함이 묻어났다.

나는 우리 사이를 확인하고 싶어졌다. 어디서 그런 용기가 났는지, 전날 밤 비행기 표를 예매해두고, 금요일에 퇴근하자마자 공항으로 달려가 E가 있는 런던으로 향하는 비행기에 올라탔다. 그렇게 우리는 처음 얼굴을 마주했다. 직접 만난 E는 온라인에서 만날 때만큼 따뜻했고 나와 잘 맞았다. 함께 있던 짧은 사흘 동안 E의 세심한 보살핌을 받을 수 있었다.

이후 우리는 연인으로 발전했다. 매일 붙어 있고 싶었지만 그는 런던에 있었고, 나는 타이베이에 살았다. 갑자기 상대와 이야기하고 싶어질 때조차 나는 그에게 장문의 메시지를 남기고 답변이 오기를 기다릴 수밖에 없었다. 반대로 온종일 일에 치여 파김치가 된 상태로 집에 돌아왔음에도 쉬고 싶은 마음을 누르고 감기는 눈꺼풀을 애써 부여잡으며 E의 직장 하소연을 들어줄 때도 있었다. 어긋난 생체 리듬 때문인지 우리 사이에는 조금씩 마찰이 생기기 시작했다.

이런 마음은 E도 마찬가지였는지, 그는 종종 내게 불안한 마음을 내보였다. 새삼 우리는 온라인에서 알고 지낸 지는 꽤 오

래되었으나 서로에 대해 제대로 안 시간은 너무나 짧다는 생각
이 들었다. 그래서 이번에는 E가 일주일의 휴가를 내고 타이베
이로 날아왔다. 이것이 우리의 두 번째 만남이었다.

이번에는 지난번보다 오래 만났기 때문이었을까. 오프라인
에서 만난 E는 휴대전화 화면을 마주한 채 느꼈던 그 호감의 상
대와 미묘하게 달랐다. 함께할수록 서로 다른 성격과 가치관이
드러나 자꾸만 어긋났다. 점점 E를 향한 나의 태도도 냉담해져
갔다.

그날 저녁, 사소한 말다툼이 큰 싸움으로 번졌고, E는 흥분한
나머지 나에게 물건을 집어 던지려고 했다. 나 또한 소리를 지
르며 맞대응했고, 얼마 지나지 않아 E는 짐을 싸서 런던으로 돌
아갔다. 그렇게 우리의 인연은 막을 내렸다. 이후 우리는 온라
인에서조차 연락을 나누지 않는 사이가 되어버렸다.

그제야 나는 온라인에서 만나는 연애의 오류를 깨닫게 되었
다. 대화를 아무리 많이 나누어도 며칠간 붙어 있는 것보다 못
하다. 몸을 맞대고 눈을 마주치는 실질적인 관계가 아닌 이상
우리가 아무리 오랜 시간 이야기를 나누고 함께한다고 해도 서
로에 대해 제대로 알 수 없다. 아니, 매일같이 붙어 있는 사이도
서로에 대한 오해와 편견이 쌓이는데, 온라인에서 나누는 관계

는 그보다 더하면 더했지 덜할 리가 없다. 게다가 글 몇 줄과 사진 몇 장으로는 얼마든지 상대가 좋아하는 모습으로 꾸밀 수 있지만, 가상의 세계에서 시작된 사랑은 현실감이 떨어질 때가 많다.

나는 E와 제대로 된 연애를 했다고 말할 수 있을까. 우리는 가면을 쓰고 상대를 만나 한 편의 연극을 찍은 것은 아니었을까. 아무리 훌륭한 영화도 막을 내리게 마련이고, 가면은 언제고 벗겨진다. 그리고 한번 가면이 벗겨지면 다시는 이전으로 돌아갈 수 없다.

꾸며진 관계는 언제든 가면이 벗겨지게 마련이다. 그리고 가면 뒤에 가려진 현실은 실망스러울 때가 많다.

얼마 전 인터넷에서 이런 게 유행했다. 자신의 여러 소셜미디어 계정에 있는 프로필 사진을 한데 모아서 보는 것이다. 한데 모은 사진들을 살펴보면 대체로 페이스북에는 환하게 웃고 있는 사진들을 많이 올린다. 가족 또는 애완동물과 함께 있는 여행 사진에 가장 반응이 좋다. 사진에서 '사랑'이 물씬 느껴진다면 금상첨화다.

링크드인에는 대부분 프로페셔널하고 엄숙해 보이는 사진을 골라 올린다. 인스타그램은 남다른 라이프스타일을 보여주는 사진 위주로 올린다. 감성적인 면을 많이 부각한다. 틴더에는 자신의 정보를 최소화해 보는 이들의 상상력을 자극하도록, 신비로운 콘셉트의 사진들이 많다.

인터넷상에서는 얼마든지 내 이미지를 만들어낼 수 있다. 그런데 그렇게 만든 이미지로 얻은 관계는 나에게 호감이 있는 것일까, 아니면 내가 만들어낸 이미지에 호감이 있는 것일까?

E와 나는 온라인에서 함께 많은 시간을 나누었지만 단단한 관계를 만들어내지는 못했다. 같은 미래를 바라보고, 서로의 허물을 덮어주며, 포용하고, 개선의 여지를 함께 고민하며, 장기적인 계획을 세울 수 있는 관계 말이다. 어쩌면 내가 바랐던 E는 내 상상으로 만들어낸 비현실 속 존재였을지도 모른다.

예전에는 인터넷 사이트 여기저기를 돌아다니다가 마음에 드는 옷이 있으면 바로바로 구매 버튼을 누르고는 했다. 나중에 배달 온 옷을 받아보면 구매한 티셔츠에 어울리는 바지가 없다든지, 옷은 예쁘지만 평상시에 입기에는 너무 화려한 스타일이라든지, 마땅히 입고 나갈 곳이 없는 등 난감할 때가 종종 있다. 그러다 보면 쇼핑백에 담긴 채 어디 구석에 처박아놓고 잊어버리고 만다.

이제는 그런 호기심 어린 충동적인 쇼핑은 자제하려고 한다.
그리고 내 것이 아닌 것들은 기꺼이 내려놓으려고 한다. 이것이
내가 베풀 수 있는 최대한의 배려인 것 같다.

◇◇◇◇◇◇◇◇◇◇

**클릭으로 가까워진
낯선 사람**

관계는 직접 눈을 마주쳐야 깊어지는 법이다. 아무리 오래 만난 사이라
고 해도 온라인상의 만남에는 한계가 분명 존재한다.

외롭다고
아무나

만나지
말 것

종종 독자들이 관계에 대한 어려움을 토로하는 메시지를 보낼 때가 있다. 시간이 허락되는 한 성심껏 답변한다. 많은 이들이 고민하는 것 가운데 하나가 바로 '상대방의 뜨뜻미지근한 태도' 다. 아무리 고단수라도 요사스러운 사람에게 홀리면 당해낼 수 없다. 특히 연애의 공백이 길었던 사람은, 상대가 살짝 호의만 보여주어도 곧바로 그 사람과의 관계를 발전시키려 하고, 상대 방이 자신의 기준에 부합하기만 하면 꽁꽁 숨겨두었던 진심을 모두 끄집어내 보여주다가 당황스러운 상황을 맞는다. 어찌해 야 좋을지 몰라 나에게 도움을 요청하곤 한다.

한번은 사랑에 빠지면 간이고 쓸개고 다 빼준다는 독자와 이야기를 나눈 적이 있다. 독자 B는 인터넷에서 만난 상대와 하룻밤을 보내게 되었다고 한다. B는 상대가 진지하게 만남을 이어가리라 기대했는데, 그 전까지 다정했던 상대는 그날 이후 차갑게 돌아섰다고 한다. B는 어떻게 해서든 관계를 이어가보려고 억지로 말을 걸어보기도 하고, 저자세로 나가보기도 하고, 상대의 마음을 잘 헤아리며 데이트하려 노력했으나 모든 것이 허사였다. 결국 상대에게 실망하고 관계를 접었다고 한다.

처음에는 B도 상대를 진지하게 생각한 것은 아니었다고 한다. 그러나 상대의 다정함에 방어막은 바로 무너졌고, 잠깐의 뜨거운 불꽃이 영원할 것이라 착각했다. 육체적 즐거움만 좇는 사람은 대부분 상대를 진지하게 대하지 않는다. B도 머리로는 알고 있었다. 자신이 감정과 육체적 관계를 분리할 수 있다고 자신하며 마음에 드는 상대를 찾아 하룻밤을 즐겼다. 하지만 B는 단순한 욕구 해소를 원했던 것이 아니었다. B는 이상한 허세를 부리다 스스로 고생을 자초했다.

애증의 관계를 놓지 못한 B는 또 다른 계정을 개설해 다른 사람인 것처럼 상대에게 접근했다. 이전처럼 두 사람은 이야기가 잘 통했고, 금방 '애매한' 관계로 발전했다. 한밤중에 전화로 속

이야기를 나누었고 은밀한 사진을 주고받기도 했다. 하지만 B는 남자에게 자신의 진짜 모습을 알리지 않았다. 3개월 후 둘은 한 서점에서 만나기로 했다. 마치 로맨스 영화의 한 장면처럼 B는 남자에게 자신이 누군지 맞추어 보라고 했다. 남자는 몰래 사진까지 찍어 B에게 바로 전송했다. B는 당황스러워 밖으로 뛰쳐나가고 싶은 충동이 들었다.

서점 안은 쥐 죽은 듯 조용했다. 무슨 우연인지, 코너를 돌자 환한 미소를 머금은 남자의 모습이 보였다. B의 눈길은 갈 곳을 잃은 채 복수심은 사르르 녹아내리고 말았다. B가 말했다.

"그때 제 마음은 또 한 번 빼앗겼어요."

서점에서 바로 자신이라고 인정하지 않고, 한 시간 뒤 남자를 집으로 불렀다. B는 얼굴을 보여주고 싶지 않아 일부러 불을 껐다. 남자는 B에게 다가가려 했지만, B는 온갖 핑계를 대며 거절했다. 그동안의 그리움은 어느새 포옹으로 바뀌었고 한동안 둘은 그렇게 끌어안고 있었다.

얼마나 시간이 지났을까, 남자는 자신의 뜻대로 되지 않겠다는 확신이 들어서였는지 나갈 채비를 했다. 그리고 B를 한번 바라보며 담담하게 말했다.

"갈게."

또 보자는 인사도 없이 그렇게 떠났다. 이야기를 마친 B는 나에게 물었다.

"그 사람은 정말 저를 기억하지 못했을까요?"

B는 내가 대답할 틈도 주지 않고 바로 이어 말했다.

"이제 그런 것은 중요하지도 않게 되었지만 말이에요."

우리의 주고받은 대화 속에서 B가 최대한 이성적으로 자신은 아무렇지 않은 척했지만, 나는 그가 아무렇지 않다고 생각하지 않는다.

외로움과 욕망에 취해 함부로 관계를 취하다 보면 결국 마음마저 다치게 마련이다.

요즘 어플을 통해 이성을 만나는 게 보편화되어 있다. 주변에서 좋은 사람을 찾기 어려우니 어플의 힘을 빌리는 것을 이해한다. 종종 인터넷 안에서 진정한 사랑을 만나기도 한다. 그러나 처음부터 알던 사이가 아니라 온라인상으로 만나는 관계는 분명 좀더 조심할 필요가 있다. 어떤 관계든 기본원칙은 지켜야 한다. 한번에 침대로 뛰어들지 말 것, 적어도 세 번은 만난 뒤에 관계를 이어갈지 아니면 정리할지를 결정해야 한다. 그래야 나에게 진심으로 대하는 사람인지 아닌지 걸러낼 수 있고, 이 관계를 원하는지 아니면 정리하고 싶은지 좀더 명확하게 확인할 수 있다. 처음 만났을 때는 간 쓸개 다 빼줄 것처럼 구는 사람이어도 당신이 원하는 것을 줄 능력이 되지 않을 수도 있고, 당신 또한 상대가 원하는 것을 주지 못하는 경우도 허다하다.

감당할 수 있든지 없든지 상관없이 감정을 게임처럼 즐기다가는 자칫 사랑에 대한 자신의 감각을 갉아먹게 된다. '사랑에 무뎌졌다'는 것은 당신이 용감해졌다는 의미가 아니라, 마음이 죽었다는 뜻이다. 강렬하고 한 번에 전기가 오는 사람만이 사랑이라고 생각한다면 이는 착각이다. 잘못된 감정은 아픔만 키울 뿐이다. 호기심은 금세 사그라진다.

처음부터 어긋난 관계는 되돌리기 어렵다

누구를 만나든 최소 세 번은 데이트를 한 다음에 관계를 이어갈지 정리할지 결정해야 한다. 그렇지 않으면 서로가 원하지 않는 관계임에도 어쩔 수 없이 이어지는 불행한 상황이 맞게 될 수도 있다.

한 번 깨졌던
관계는

다시 깨지기
쉽다는 것을 알 것

"애인과 헤어졌습니다. 당분간 소셜미디어와 메신저를 닫아놓겠습니다. 감사합니다."

한동안 연락이 닿지 않기에 연애 중이라 바빠서 그런 줄 알았는데, L은 이런 메시지를 올리고 잠적했다. 종종 애인과 찍은 사진이 올라오기도 했고, 한껏 들뜬 표정으로 결혼하고 싶은 사람이 생겼다고 언급하기도 했다. 이제야 제 짝은 찾은 것 같다며, 평생 함께하고 싶은 사람이라고 말하는 그의 표정에는 행복이 가득했다. 그런데 헤어지다니.

결혼을 언급할 당시 너무 성급한 결정 아닌가 싶어 걱정스러웠던 것은 사실이다. 만난 지 몇 달 되지도 않았는데 그의 입에서 '평생'이라는 단어가 나올 줄은 몰랐기 때문이다. 당시에 나는 그에게 조심스럽게 조언했다.

"결혼은 조금 더 사귀어보고 결정해도 되지 않을까?"

L은 내가 찬물을 끼얹었다고 생각했는지 단호히 대답했다.

"지금껏 이보다 잘 맞는 사람을 만난 적이 없어. 나를 이 정도로 이해해주는 사람을 어디에서도 다시 만나지 못할 것 같아."

이런 때에는 아무리 친구를 위하는 마음이라도 자제하는 편이 낫다. 그래서 나는 최대한 부드러운 말투로 응원의 말을 건네었다.

"네가 행복하다니 나도 기분 좋다. 청첩장 나오면 꼭 건네줘."

L은 사랑에 눈이 멀어 다른 것이 보이지 않는 상태였다. 그러다가 뜻하지 않게 폭우를 만났고, 이후 땅에 떨어져 바짝 엎드려버렸다. 그렇게 그는 길을 잃고 깊은 슬픔에 빠져버렸다. 답장이 오지 않을 것을 알면서도 걱정스러운 마음에 메시지를 보내보았다.

"괜찮아? 내가 필요하면 언제든 연락해. 힘내고."

L은 메시지를 읽었지만 대답은 하지 않았다.

얼마 지나지 않아 L의 인스타그램이 다시 활성화되었다. 인스타그램에는 애인과 찍은 사진이 다시 도배되기 시작했다. 이

제 다시 잘 만나는가 보다 싶었는데, 얼마 지나지 않아 다시 사
진들이 전부 지워졌다. 이번에도 메시지를 보내 안부를 물었다.
답장이 왔다.

"또 헤어졌어."

그의 말에 바로 답장을 보냈다.

"세 번째는 없어야 해. 두 사람의 관계를 위해 너도 노력 많이
했잖아."

L은 두 차례의 만남과 헤어짐으로 상처가 큰 것 같았다. 그간
의 심경 변화를 이야기하며 힘들다고 토로했다. 두 사람은 페이
스북에서 처음 만났고, 호감이 생겨 만남으로까지 이어지게 되
었다. 외로웠던 L은 기댈 곳이 필요했고, 마침 상대도 만나는 사
람이 없었다. 두 사람은 데이트부터 연애, 동거까지 빠른 속도
로 가까워졌다. 그러나 서로에 대한 감정에 확신이 생기기 전에
가까워지다 보니 의견 충돌이 잦았고, 중간에 상대가 바람까지
피웠다고 한다. 결국 혼담이 오가기 직전에 이별하게 된 것이었
다. 이후에 잘못했다고 용서를 구하는 애인을 보니 마음이 약해
져서 다시 만나게 되었는데, 한 번 바람 피우기는 어려워도 두
번은 쉬운 것인지, 상대는 또 바람이 났다고 한다. 이 모든 일이
고작 1년 만에 이루어진 일들이었다고 한다.

L이 화를 억누르지 못하는 게 느껴졌다.

한 번 깨진 관계는 똑같은 문제로 또 깨질 확률이 높다. 다시 만나는 것보다 아름다운 이별로 남겨놓는 편이 나을지도 모른다.

나쁜 근성은 절대 하루아침에 바뀌지 않는다. 물론 사랑의 힘으로 이겨낼 수도 있겠지만 시간이 지나면 다시 돌아올 확률이 높다. 그저 포기하고 포용하는 수밖에 없다. 하지만 상대가 노력하지 않는데, 혼자만 노력하는 관계가 과연 오래 지속될 수 있을까? 게다가 한 번 이별했다는 것은 이미 한차례 포기한 것과 다름없다. 한 번 포기했다면 두 번째 한계점은 더 빠르게 다가온다.

L은 상처가 컸는지 자다가도 배신당하는 꿈을 꾸며 벌떡 일어난다고 한다. 이제 그에게 남은 것은 이별의 아픔과 외상 후 스트레스 장애PTSD뿐이다. 이제 그는 자신의 판단력과 가치관이 받아들여지지 않아서 이별하고 이렇게 힘들어하는 것은 아닌지 자문한다. 전 애인 이야기만 나오면 경멸과 분노를 감추지 못하고 욕을 실컷 퍼붓고 난 뒤에 급하게 한마디를 덧붙인다.

"미안, 내가 너무 심하게 말했지."

사랑이라 믿었던 사람을 삶에서 잘라내버리는 것은 너무 아프고 고통스러운 일이다. 하지만 잘라낸 자리의 상처가 아프다고 해서 대충 봉합해버린다면 분명 곪고 썩어버리게 마련이다. 지난 일에 미련이 남을 수도 있다. 온갖 풍파를 겪은 뒤에 '그래도 그때 그 사람이 최고였는데'라고 아쉬워할지도 모른다. 그러나 충분히 심사숙고하고 다시 만나는 게 아니라면 상처는 99.9퍼센트 확률로 반복된다. 설사 다시 만난다 해도 서로에게 변화할 시간을 충분히 제공하고, 이 관계를 다시 곱씹어보아야 한다. 헤어진 관계를 다시 봉합하는 것은, 퇴사했던 회사에 재입사하는 것과 같다.

같은 실수를
반복해서는 안 된다

당신을 힘들게 하는 사람을 계속 곁에 두지 말자. 변하지 않는 관계를 내려놓지도 못하고 거듭해서 상처받는 당신을 주변에서 안타까워할 테지만 누구도 도와줄 수 없고, 돕고 싶지도 않아 한다. 똑같은 일이 거듭해서 일어난다면 상대뿐 아니라 당사자에게도 문제가 있는 것이다.

혼자가
되는 것을

두려워하지
말 것

나는 귀청이 떨어져 나갈 정도로 시끄러운 소음으로 가득한 술집 분위기보다, 적은 인원으로 조용하게 즐기는 모임을 선호한다. 또 다정한 친구 집에서 요리 하나에 술 한잔을 곁들이며 시간에 쫓기지 않고 도란도란 이야기 나누는 것도 좋아한다. 실컷 이야기를 나누다가 피곤해지면 한쪽 소파에 비스듬히 기대고 휴대전화를 들여다보아도 크게 구애받지 않는 사이, 아무렇게나 널브러져 있어도 괜찮고, 타인의 시선은 생각하지 않아도 되는 장소에서 한잔하면 아늑한 해방감을 맛볼 수 있다.

이런 모임을 즐기는 몇몇 친구가 존재해서 종종 함께한다. 한번은 제일 출석률이 높던 C가 참석하지 않았다. 한 친구는 말했다.

"이혼한 지 얼마 안 되어서 나오기가 좀 힘들다더라. 상황이 나아지면 참석하겠대."

C와 전 반려자는 알고 지낸 지 6년, 사귄 지 반년 만에 결혼했다. 서로는 평생 함께할 만한 소울메이트를 찾았다고 생각했을 것이다. 하지만 깨가 쏟아지는 시기가 지나자, 시부모와 함께 살지 아니면 분가할지, 저축을 얼마나 할지, 자녀를 낳을 것인지 등 크고 작은 문제들이 하나둘 수면 위로 떠올랐다. 부부가 재산을 함께 관리하니 누가 가정을 위해 좀더 많이 희생하는지, 또 더 많은 돈을 내는지 일일이 따지게 되었다.

C는 항상 자신감 넘치고 낙천적인 성격이었는데, 이혼한 뒤로는 이상할 만큼 조급해했고, 술에 의존하는 모습을 보였다. 괜찮다고는 하는데, 친구들 앞에서는 혼자 충분히 잘사는 모습을 애써 증명하려는 것 같았다.

C는 이상하리만치 빨리 새로운 사람을 만났다. 결국 얼마 지나지 않아 또 둘의 이별 소식이 들려왔다. 1년 안에 두 번의 이별을 겪는다면 아무리 강한 사람도 마음에 상처를 입게 된다. 우리는 이 힘든 상황이 지나갈 때까지 묵묵히 C의 곁을 지킬 수밖에 없었다.

어렵게 다시 우리 곁으로 돌아온 C는 그제야 이혼에 대해 차분하게 털어놓았다. C는 결혼 생활을 하는 동안 상대와 생활 방식이 달랐던 데서 비롯된 사소한 충돌이나 잘못을 용납하지 못했고, 그로 인해 싸움이 잦았다고 했다. 결정적인 문제는 상대의 싸움 방식이 C와 맞지 않았다는 점이다. C는 싸우더라도 얼굴을 맞대고 이 상황을 풀고 싶던 반면에 상대는 대화를 거부하고 자리를 박차기 일쑤였다.

아무리 노력해도 계속 부딪치는 벽 같은 관계는 언젠가 무너지고 만다. 화합할 수 없는 관계라면 차라리 용기를 내 깨끗하게 정리하는 편이 나을지도 모른다.

C의 전남편은 C를 새장 속에 가둔 새처럼 대했다. 곁에 두려고만 하고, 작은 마찰이라도 생기면 바로 C의 자존감을 짓밟아 자신의 자존심을 지키려고 했다. 그럼에도 C는 가정을 지키려 많은 것을 쏟아부었다. 그가 지키려고 부단히 노력했던 그곳은 결국 어떻게든 벗어나고 싶은 족쇄가 되어 돌아왔다.

휴일에도 친구들과 늦은 시간까지 함께하고 하루에 열 몇 시간 일하며 돈을 더 벌고 싶다고 말하는 와중에도 우리는 C의 우울을 알아차리지 못했다. 출구를 찾던 C에게 마음을 기댈 곳이 없다는 사실을 전혀 눈치채지 못했다. 진작 알았더라면 서로가 같은 곳을 바라보지 않고 함께 문제를 해결할 의지도 없는 관계는 진즉에 끝냈어야 한다고 조언해주었을 것이다. C는 방황하면서도 쉽게 관계를 끊지 못했는데, 아마도 너무나 갑작스럽게 다시 혼자의 삶으로 돌아가야 한다는 사실에 겁이 났던 것 같다.

이혼한 뒤에 상대를 도려내는 것만으로도 많은 에너지를 소모해야 한다. C는 강한 친구였다. 그 어려웠던 시기를 잘 극복하고 자신의 따뜻했던 마음을 회복시키려는 노력도 게을리하지 않았다. 오랫동안 뾰족뾰족한 돌덩이를 끌어안고 살아 상처투성이가 되었지만, 그래도 다시 사랑하고 싶어 했다. 그래서 다시 예전으로 돌아가 친구 사귀기 앱을 열심히 보며 새로운 친구도 사귀면서 솔로에게도 아직 기회가 있다는 모습을 증명하려 애를 썼다. 그 모습이 무모해 보이기까지 했다. 그런 그에게 나는 너무 외로우면 감정을 잘못 판단해 엉뚱한 관계를 맺어 다시 소모될 수 있으니 반드시 신중해야 한다고, 지금은 자기 상처를 치유하는 데 좀더 시간을 쏟으면 어떻겠냐고 제안했다.

요즘 세상에 이혼한다고 큰 흠이 생기는 것도 아니고, 이혼이

나의 가치를 떨어뜨리는 것도 아니다. 오히려 용기를 내어 결단하고, 세상에 자신을 드러내는 편이 훨씬 매력적이다. 관계 하나를 무너뜨리는 것은 너무나 큰일이다. 그것이 심지어 결혼이라는 관계였다면 공고하게 쌓아오던 세상 하나가 무너진 것과 마찬가지의 충격이 올 것이다. 그러니 다음 사랑을 시작하기 전에 혼자만의 일상에 충실하며 잃어버린 마음을 되찾고 자신을 충분히 사랑하고 아끼는 시간을 가지면 좋을 것 같다.

실패한 경험을 토대로 다음을 결정할 때 더 침착해질 수도 있고, 더 섬세한 감정 교류를 느낄 수도 있다. 그리고 한번 경험이 쌓였기 때문에, 누구와 함께하면 더 좋은지, 어떤 것이 영원하지 않은지 판단하는 눈이 생겼을 것이다. 서둘러 선택하지 않는 것과, 받아들이고 놓아줄 줄 아는 것도 지혜다.

결혼은 사랑을 관리하는 한 형태일 뿐이다. 그 형태는 두 사람이 함께 노력해야만 성립될 수 있다. 반드시 결혼이라는 제도만으로 사랑을 관리할 수 있는 것도 아니다. 나아가 무조건 두 사람이어야만 잘살 수 있는 것도 아니다. 혼자의 삶으로도 충분할 수 있다.

미움과 억울함을 내려놓으며 견디기 힘들었던 날들도 지나간다. C는 결혼 전보다 훨씬 나은 모습으로 자신을 가꾸고 일상을 살아간다. 이제는 길에서 우연히 전남편을 만나도 회피하지 않고 여유롭게 대처할 수 있을 것 같다고 한다. 잘못 선택했던 깊은 우울의 터널 안에서 웅크리지 않고 담담하게 빠져나온 C는 이제 모두에게 이렇게 말할 수 있게 되었다.

"걱정하지 마. 이제 괜찮으니까. 나는 벗어났어."

돌고 돌아 다시 얻은 행복

스스로에게 자꾸 행복한지 물어보아야 한다. 행복하지 않다고 느낀다면 결단을 내려야 할 때다. 남이 아닌 자신의 행복만을 따르자.

그래도
사랑을

포기하지는
말 것

나 역시 어렸을 때는 감정을 대수롭지 않게 여기고, 연애를 쉽게 생각했으며, 사람을 사귀어도 소중하게 여길 줄을 몰랐다. 연애로 포함해야 할지 애매한 관계도 있었고, 나도 모르는 사이에 다른 사람의 마음에 상처를 주기도 했다. 그리고 이제는 그런 관계를 지속하지 않는다.

요즘에는 사랑이 인스턴트식품보다 빠르게 만들어지고 사라진다. 여러 소셜미디어와 데이팅 어플 덕분에 낯선 사람을 만나 사귀는 것이 어려운 일도 아니게 되었다. 하지만 그런 가벼운 관계가 얼마나 지속될까. 버튼 하나만 눌러 차단하면 그만이다.

은근하게 푹 고았던 사랑 방식은 센 불에 빠르게 볶아내는 방
식으로 변화했다. 이별한 뒤 슬픔을 겪는 시간도 점점 짧아지고
금세 끝난다. 사랑의 시작과 끝이 순식간에 오고 간다. 말 몇 마
디 나누지도 않고 사귀고, 잠자리를 가진다. 나는 좀처럼 그 속
도를 따라갈 수가 없었다. 내가 생각한 리듬대로 진행되지 않고
실패도 감당하기 힘들었다. 몇 번은 사랑이 다가오는 게 느껴졌
지만, 의식적으로 피하게 되었고 나의 태도에 상대방의 마음도
식어 결국 시작하기도 전에 끝이 나기도 했다.

　만남과 이별을 대수롭지 않게 여기다가는 마음이 돌처럼 딱딱하게
　굳어버릴지도 모른다. 감정을 신중하게 다루어야 한다.

　종종 이별을 주제로 한 뮤직비디오에 이런 장면들이 나온다.
주인공이 연인과 함께했던 공간을 울면서 정리하는 모습 말이
다. 한 사람이 먼저 떠나고, 남은 사람은 홀로 물건들과 함께 추
억을 정리한다. 이별이란 그런 것이다. 상대의 흔적을 지우려면
내 공간의 일부를 정리해야 한다. 그래서 우리는 종종 그 사람
이 남긴 거울의 물자국조차 지우지 못한다. 나 역시 상대가 남
긴 택배 영수증 하나마저 소중해 지금까지 보관하고 있다. 그런

데 잦은 만남과 헤어짐으로 이런 과정을 수없이 겪는다면? 내 공간은 얼룩덜룩한 물자국으로 가득해질 것이다.

그래서일까. 숱한 이별을 겪으며 나는 점점 사랑을 믿지 못하게 되어가는 것 같았다. 삶이 다시 찢어지는 것을 감당할 수 없어 한동안 나는 '혼자'를 추구했다. 누군가를 마음에 두고, 사랑하게 되어도 나의 공간에 상대를 들이는 일에 주저하게 되었다. 사실 누군가와 함께 사는 것은 어렵지 않다. 다시 혼자만의 삶으로 돌아가야 할 때가 어려울 뿐이다.

평온함을 지향하는 나이가 되어서일까? 언제까지나 싱글로 함께 살자던 주변 친구들이 하나둘 안정적인 삶을 함께할 동반자를 찾아나섰다. 내 눈에 그 친구들은 순식간에 사랑에 빠지고 번갯불에 콩 볶아 먹듯 하는 것처럼 보였다. 나는 그것이 못마땅했다.

태어나 한 번도 연애를 해본 적이 없던 Y가 얼마 전 이성을 만났다. 사귄다는 이야기를 들은 지 얼마 되지도 않았는데 동거를 시작했다는 소식이 들렸다. 관계가 무르익지도 않았는데 급하게 진도를 나가다가 헤어지는 커플을 많이 보았다. 그래서 Y에게 너무 빨리 집 열쇠를 건네지 말라고 했지만 그 조언이 그에게 가닿지 않았나 보다. 생애 처음으로 사랑하는 사람과 함께하는 이 순간이 기뻐서 친구의 조언이 들리지 않았을 것이다.

어느 날 친구들과 함께 오랜만에 Y네 집에서 한잔하기로 했다. 술 몇 병을 들고 가, 사랑에 빠져 친구들은 안중에도 없냐며 놀려줄 생각이었다. 밝은 표정으로 우리를 반겨준 Y는 곁에 있는 연인을 소개해주었다. Y의 표정은 평온해 보였다.

한번은 누군가 술잔을 넘어뜨려 조금 남아 있던 와인이 테이블 위로 쏟아졌다. 얼른 부엌으로 달려가 행주를 가져온 사람은 집주인이 아니라 Y의 연인이었다. 그 모습을 흐뭇하게 바라보며 Y는 자랑하듯이 말했다.

"나보다 훨씬 깔끔한 성격이야."

Y는 이제 출장을 가도 친구들에게 화분에 물을 주거나 반려동물의 밥을 챙겨달라고 부탁하지 않았다. 이제 Y가 누군가에게 따로 말하지 않아도 알아서 챙겨주는 동반자가 생겼기 때문이다. 두 사람은 식탁 위 식기들을 자신들 나름의 규칙에 맞추어 정리할 줄도 알고, 명절에도 함께 앉아 소소한 낭만을 즐긴다. 여행도 언제나 함께여서, 한 사람은 가고 싶은 여행지의 호텔을 예약하고, 다른 한 사람은 일정을 짜는 등 무엇이든 함께한다고 한다. 그 모습들이 내 눈에는 너무나 아름답게 보였다. 안정적인 Y를 보며 내 우려는 기우였음을 깨달았다. Y의 연인

은 자기 자신보다 Y를 더 많이 아끼고 있었다.

　Y를 보면서 그동안 내가 사랑을 믿지 못하고 거부해왔던 것은 아니었는지 생각하게 되었다. 누군가를 사랑하는 일에 얼마나 빨리 만났는지, 교제 기간이 얼마나 되었는지는 중요한 것이 아니었다. 중요한 것은 어떻게 함께 살아가느냐 하는 것이다. 만난 지 한 달 만에 결혼했다고 해도, 서로가 맞추어나갈 의지와 사랑이 있다면 두 사람은 행복할 수 있다.

행복을 기다리자

조급해하지 말고 나에게 딱 맞는 사람이 나타나기를 기다리자. 아무리 늦어도 반드시 찾을 수 있을 것이다.

타이밍이
맞지 않았을 뿐,

지나간 사랑에
연연하지 말 것

솔로 생활이 길어져 가끔 외로움에 치일 때는 바쁘게 움직이며 마음을 다스린다. 새로운 관계는 스트레스로 다가오기도 한다. 나는 새로운 관계를 맺는 것보다 친한 친구와 함께 시간을 보내는 것을 더 선호한다. 만날 때마다 과거에 했던 이야기를 또 하지만, 새로운 관계의 설렘보다는 친구와의 안도감이 더 나를 편안하게 한다. 술 한잔 기울이며 얼큰하게 취해 살아가는 이야기나 서로의 취향을 공유하는 그 시간이 좋다.

가끔은 외로워서 옛 연인이 생각나기도 한다. 둘 사이를 맴돌던 짙은 후회를 가끔 떠올린다. 내가 좋아하는 한 영화는 마지막 장면에서 이런 대사가 나온다.

"만약 그때 네가 지하철을 탔다면 나는 평생 너와 함께했을 거야."

지나간 관계들이 떠올라 가슴 깊은 곳에서 어떤 강렬한 울림을 느낄 때는 나 역시 속으로 이렇게 중얼거린다.

'만약 그때 다른 선택을 했다면, 어쩌면 우리는 헤어지지 않았을지도 모르는데.'

몇 해 전에 너무 사랑했던 사람과 재회한 적이 있다. 그때는 처음으로 돌아가 다시 시작할 수 있을 줄 알았다. 과거의 경험을 통해 이제는 같은 실수를 반복하지 않을 수 있다는 자신감도 있었다. 그러나 우리는 영화 속 주인공이 아니었고, 결국 서로에게 과거로 남기로 했다. 그는 내게 말했다.

"네가 좋아하는 사람은 예전의 내 모습이야. 지금의 나는 네가 생각하는 그때와 달라."

나는 그의 말을 단번에 이해했고, 그 자리에서 헤어진 우리는 다시 서로에게 연락하지 않았다. 흔히 영화에서는 두 사람이 재회하며 끝을 맺지만, 나는 영화 속 주인공이 아니다. 아무리 로맨틱한 대사를 남기며 재회했다고 해도 막이 내린 이후의 관계는 어떻게 변할지 모를 일이다. 나는 또 한 번 관계를 잃었지만, 이번만큼은 우리의 내일을 기다리지 않았다.

잘 맞는 두 사람이라도 잘못된 시간과 공간에서 만나면 그건 잘못된 만남이다. 한 번 놓치면 다시 되돌릴 수 없다.

삶의 대부분을 함께 공유하던 두 사람이 결국 헤어져 더는 친구로도 남을 수 없다는 것은 정말 슬픈 일이다. 그럼에도 마치 처음부터 모르던 사이처럼 멀어지는 것이 서로에게 가장 좋은 거리일지도 모른다. 다행히 나는 이별의 아픔을 딛고 정신을 차리고 곧 삶의 중심을 일로 옮길 수 있었다. 애정 전선은 다시 백지 상태가 되었지만 오래 슬퍼하지는 않았다. 감정은 마치 미세하게 짜인 니트 같은 것이어서, 세밀하게 교차되어 있을수록 부드럽고 강해지는 법이다.

백년해로만이 유일한 결말일 필요는 없다. 우리는 비록 헤어졌지만, 서로에게 좋은 추억으로 남을 수 있었다면 그것만으로도 충분하다. 그때의 우리가 있었기 때문에 지금의 성숙함이 남아 있게 된 것이라 볼 수도 있다. 처음에는 나 역시 끝까지 관계의 실패를 받아들이지 못했다. 하지만 두 번의 연이은 이별 덕분에 이제는 '받아들이는 것'에 대해 조금 더 너그러워졌다.

그 후로 나는 연인의 재회를 꿈꾸지 않는다. 돌아갈 수 없기 때문에 그 시절의 사랑이 더욱 애틋하다는 사실을 깨달은 것이다. 재회할 당시 나는 불완전함을 억지로 덮으면 다시 완벽해질 수 있으리라 믿었지만, 그것은 결국 나 혼자만의 생각이었을 뿐이다.

혼자만의 반성은 자학이다. 사랑할 수 없는 것만으로도 힘든데 스스로 무덤까지 팔 필요는 없다. 자멸을 동정할 사람은 없다.

"내가 어디가 부족한데? 왜 나를 사랑하지 않는 거야?"

어릴 때는 술김에 이렇게 말하기도 했다. 글쎄. 여기에 누가 무슨 말을 해줄 수 있었을까. 분명한 점은, 이러한 질문에 상대가 대답할 의무는 없다는 것이다. 게다가 억지로 대답을 듣는다고 해서 상황이 달라지지도 않는다. 그러니 이별을 혼자 반성하며 자학하지 말자.

이제는 예전의 철없던 자신을 내려놓자. 손에 잡히지 않는 과거에 집착하지 말고, 눈앞에 놓인 가능성을 위해 힘을 쏟고 나아가야 할 때다. 다시 사랑하고 싶다면 상처로 얼룩진 과거를 정리해야만 한다. 한 관계가 정리되어야 다음 관계가 다가오는 법이다. 사랑을 얻기 어려운 이유는 괜찮은 사람, 알맞은 시간과 공간, 그리고 환경까지 모두 들어맞아야 하기 때문이다. 모든 준비를 끝내고 기다려도 만나기 힘든 것이 인연인데, 과거에 파묻혀 있는 사람에게 새로운 만남이 생길 리 만무하다. 다가오는 사랑을 밀어내고 나중에 '타이밍이 맞지 않았다'고 후회하지 말자.

∞∞∞∞∞∞∞∞

지나친 자기 반성은
독이 된다

좋은 시절을 헛되이 보내서는 안 된다. 설령 고통스러운 과거가 있다고 하더라도 그 과거의 노력이 훗날 더 좋은 사랑으로 따른다고 믿어야 한 다. 과거의 아픔에 좀더 의연하게 대처하고, 다가올 관계를 준비하자.

Chapter

3

가장
가깝지만

가장 서툰
관계를 위한
원칙

가족에
관하여

어렸을 때를 떠올려보면 내가 했던 '반항'은 모두 무언가를 스스로 할 수
있음을 증명하기 위한 언행이었다.

부모가 원하는 것은 하나밖에 없다. 자식에게 필요한 존재가 되고 싶은
것이다. 자식들은 말끝마다 자신도 다 컸다고, 알 만큼 안다고 말하고 가
족 바깥의 관계에 집중한다. 그러나 관계의 촉수를 바깥에만 뻗는 사이
에 당신의 부모는 점점 노쇠해진다. 얼마 남지 않은 시간이다. 부모에게
조금 더 가까이 다가가 따뜻한 말투로 사랑의 말을 전해보자.

가족의 가장 이상적인 모습은 서로에게 의지하는 존재가 되어주는 것이
다. 누구도 완벽하지 않다. 가족도 마찬가지다. 서로가 빈틈을 메워주는
관계를 만들어보자.

가까운
사이일수록

오해를
묵혀두지 말 것

직장에서 일로 괴롭고 힘들어 퇴사하게 되었을 때 이야기다. 며칠간 감정을 추스른 뒤에 용기를 내어 어머니에게 전화를 걸었다.

"저 퇴사했어요."

소식을 알리는 내 목소리를 듣자마자 어머니는 힘없이 한숨소리를 내었다. 퇴사 이유를 제대로 설명하지도 않았는데, 어머니는 평소에 산만하고 일을 효율적으로 하지 못하며 사방에 적을 만드는 내 성격이 문제라며 나를 비난했다.

"그런 게 아니에요. 함부로 말씀하지 마세요."

내 제지 앞에서도 어머니는 멈출 줄 몰랐다. 나의 대응능력이 떨어지고 반성도 할 줄 모르니 회사가 해고한 게 아니냐고 확인

사실에 들어갔다. 흥분한 나 역시 한마디 내뱉고 전화를 끊었다.

"됐어요. 앞으로는 그 어떤 말씀도 드리지 않을 거예요."

이후 가족의 전화를 일체 받지 않았다.

이런 대화는 이미 일상이 되었다. 나는 낙심했을 때 가족에게 이해와 응원을 받으려고 하지만, 늘 이렇게 뜻대로 되지 않는다. 오히려 비난을 받으니 되려 있던 자존감이 깎인다. 일의 옳고 그름을 떠나 위로를 받고 싶었던 것인데, 이럴 때 부모님은 늘 어린 애들이 무엇을 알겠냐는 식으로 반응한다. 이렇게 가르치려고 드는 태도는 성인이 된 내가 존중받지 못한다고 느끼게 만든다. 그러면 결국 서로 목소리를 높이게 되고, 끝내 관계는 망가진다. 마치 자동차 두 대가 마주 보고 질주하다가 충돌해 박살이 나는 상황이 연상된다. 평화롭게 끝난 적이 한 번도 없다.

사소한 말다툼으로 시작된 어머니와의 단절은 반년 가까이 지속되었다. 언젠가 명절을 앞두고 어머니 대신 아버지가 내게 명절 음식을 보내주었지만, 그마저도 열어보지도 않고 바로 냉동실에 넣어버렸다. 퇴사하고 집에서만 지내는 나날이 길어지다 보니 어느새 통장 잔고는 얼마 남지 않았고, 냉장고는 텅 비어버렸다. 막막한 기분으로 냉동실을 열었다가 신문지로 잘 싸인 명절 음식이 눈에 들어왔다. 식비도 아낄 겸 그 음식으로 저녁을 해결하기로 했다.

꼼꼼하신 어머니는 명절 음식도 허투루 만드시는 법이 없다. 대나무 잎을 꼼꼼하게 펴서 음식을 감싼 티가 역력했다. 어머니는 지병인 팔목의 통증을 참아가며 음식을 하나하나 끈으로 꽉꽉 묶어 보내셨을 것이다. 무더운 날씨에 열 몇 시간 동안 재료를 손질하고, 싸고, 찌고, 다시 식혀서 찬합에 담아 아버지 편에 보내셨을 것이다.

정성스러운 음식을 입에 가득 베어 물었더니 조금 전까지 빈털터리 신세인 스스로를 한심해하던 마음이 눈 녹듯이 사라지는 게 느껴졌다. 나는 아무것도 가진 게 없는 사람이 아니었다. 갑자기 집이 그리워졌다. 내려가서 가족에게 위로를 받고 싶었다. 하지만 그때 내게는 고향으로 내려갈 왕복 차표를 끊을 돈조차 남아 있지 않았다. 그렇게 다시 2주를 보냈다. 내 고집은 아무짝에 쓸모도 없고 고칠 방법도 없는 것이었다. 그런데 나는 도대체 무엇을 위해 배고픔을 참아가며 그 월세 아파트에 남아 있었던 것일까.

반항은 나를 증명하기 위한 것이었다. 자식들은 무슨 일이든 제대로 해내어 부모의 칭찬을 받고 싶어 한다. 하지만 보수적인 부모는 칭찬에 인색하고, 자식의 자신감을 억누르고 잔소리를 쏟아놓고는 한다. 우리 부모 나이에는 그것이 올바른 교육 방식이라고 일컬어졌다. 그러나 우리 세대에게 그것은 자존감을 억누르는 기제가 된다. 나 또한 그런 부모에게 잔소리를 듣고 싶지 않은 마음에 나쁜 소식은 숨기고, 좋은 소식만 알렸다. 타지에서 고생하면서 하소연하는 약한 모습을 드러내는 것 같았고, 내 약한 모습이 곧 나의 결정이 잘못되었음을 증명하는 것 같았다. 그러다가 나중에는 좋은 일도 알리지 않게 되었다. 부모는 부모대로 이렇다 할 소식을 듣지 못하니 자식에 대한 걱정이 불신으로 변해갔다. 거기에 나는 단절과 침묵으로 항의의 뜻을 대신했다.

직장에서든 일상에서든 나는 소통을 잘하는 편에 속한다. 하지만 유독 부모님과는 잘되지 않았다. 이런 모습을 지켜본 친구 하나가 내게 충고를 건네었다.

"나이가 들면 누구든지 성격이 강해지잖아. 상대가 강하게 굴면 오히려 반발하게 되어 있어. 반대로 네가 부드럽게 나오면 부모도 수그러드실 거야. 네가 화해를 청하는 편이 나아. 먼저 손 내미는 게 뭐가 대수니? 서로 미워하는 것보다 사랑하는 게 훨씬 쉽지 않아?"

작은 오해 하나가 관계를 순식간에 어그러트린다. 냉전이 오래될수록 관계는 더 풀기 어려워진다. 이때는 먼저 손을 내밀어보자. 엉킨 실타래 같던 관계가 의외로 쉽게 풀릴지도 모른다.

'가족에게까지 걱정을 끼치고 싶지 않다'는 마음으로 힘든 일을 숨기고 단순히 안부 전화만 건네는 마음을 모르는 것은 아니다. 그러나 말하지 않으면 통할 수 없다. 나는 자라면서 부모님이 나에게 공감해주시기를 바랐지만, 아무리 노력해도 그분들은 내가 아니니 자식이 얼마나 큰 스트레스를 받고 있는지 이해하지 못하셨다. 결국 이런 일을 몇십, 몇백 번 겪고 나서야 깨닫는다. 그분들에게 진짜 속마음을 잘 드러내야 한다. 나 또한 처음부터 울고 싶을 만큼 힘든 심정을 부모에게 털어놓은 뒤에 퇴사를 이야기했다면 분명 기대했던 따뜻한 위로를 받을 수 있었을 것이다.

며칠이 더 지난 어느 날 밤에 아버지에게 전화를 걸었다. 나는 아버지에게 어머니가 요즘 어떠신지 여쭈어보았다. 아버지를 통해, 어머니가 수입이 없는 나를 걱정해 명절 음식을 평소보다 많이 해서 싸 보내셨다는 사실을 알았다. 아버지는 그렇게 고집만 부리지 말고 어머니의 마음을 헤아려보라고 말씀하셨다. 어머니가 겉으로는 귀에 거슬리는 말을 내뱉어도 마음속으로는 항상 자식 생각뿐이라는 말도 덧붙이셨다.

얼마 지나지 않아, 나는 단축번호 1번에 저장되어 있는 어머니의 번호를 누른 뒤에 통화 버튼을 눌렀다. 어머니가 전화를 받으면 음식이 너무 맛있었다는 말과 함께 지난번에는 죄송했다고 사과할 생각이었다. 내가 미처 말을 꺼내기도 전에 어머니가 말씀하셨다.

"전화했는데 왜 안 받았니? 그동안 어떻게 지낸 거야? 퇴사하고 마지막 달 월급은 받았니? 너는 빠릿빠릿하니까 금방 또 다른 직장을 구할 수 있을 게다. 일단 건강을 잘 챙겨야 해."

"네."

나는 쏟아지려는 눈물을 참느라 다른 말을 할 수 없었다.

소통과 말다툼은 종이 한 장 차이다

원하는 대답을 듣지 못했다고 해서 바로 돌아서지 말자. 외면한다고 해서 문제가 해결되지는 않는다. 그보다는 부드러운 태도로 속마음을 털어놓고 이해를 구해보자.

부모님이 주는
무조건적인 사랑을

당연히
여기지 말 것

처음으로 집을 떠나 대학에 막 입학했을 때는 자꾸만 불안하고 향수병이 도져서 틈만 나면 고향으로 내려가고는 했다. 그러나 점차 단짝 친구들이 생기고 새로운 생활에 적응하기 시작하면서 집으로 내려가는 횟수가 줄어들었다. 나중에는 시간과 돈을 아끼려고 설날과 어머니날, 추석 같은 연례행사에만 한 번씩 다녀갔다. 당시에는 부모님과는 가끔씩만 보는 편이 좀더 애틋하고 이상적이라고 생각했다.

졸업한 뒤에는 곧바로 잡지사에 취직해서 밤낮 없이 원고에 쫓겨 일만 했다. 1년에 서너 번 가던 고향도 발길을 끊었고, 언제 한번 온 가족이 모여 함께 식사하려고 해도 밤늦은 시간에나 집에 도착하기 일쑤였다.

한번은 어머니날에 원고 마감이 겹쳤다. 원래는 부모님께 금요일에 퇴근하자마자 차를 타고 가겠다고, 무슨 일이 있어도 토요일 점심 가족 모임에 꼭 참석하겠다고 말해놓은 상태였다. 그러나 마감에 쫓기다 보니 모임을 토요일 점심에서 저녁으로 바꾸고, 다시 일요일 점심으로 바꾸어야겠다고 말씀드렸다. 결국은 일요일 저녁이 다 되어서야 고향 가는 버스에 오를 준비를 했다. 그때 형에게서 전화가 왔다.

"너는 대체 오는 거야, 마는 거야? 가족이 중요하지 않다면 올 필요 없어."

부글거리는 속을 꾹 참고 일이 너무 바빴다고, 지금 내려간다고 말한 다음에 혼자 씩씩거리며 전화를 끊었다. 차표도 끊어놓았는데 내려가지 않는 것은 부모님께도 못할 짓이라고 생각했다. 결국 그날 캄캄한 밤이 되어서야 고향에 도착했고, 택시도 잡히지 않아 터미널에서 집까지 4, 5킬로미터쯤 되는 거리를 두 발로 걸어갔다. 집에 도착하자 아버지가 부랴부랴 소파에서 몸을 일으키며 말씀하셨다.

"왜 데려오라고 전화하지 않았니?"

아버지는 내가 도착할 때까지 주무시지 않고 기다리셨던 것이다. 그러자 아버지와 같이 나를 기다리던 형이 말했다.

"너 온다고 어머니가 며칠 전부터 네가 좋아하는 음식 차린 다며 대여섯 시부터 시장 보고, 차려놓은 음식 식으면 다시 데 우는 일을 반복하셨어. 지금은 또 다 식어버렸지만 말이다. 네 일에 방해될까 싶어서 제대로 연락도 못 하고 얼마나 안절부절 못하셨는지 몰라."

그러고는 어서 나더러 가서 죄송하다고 말씀드리라고 했다. 조심스럽게 어머니의 방문을 열어보았다. 아직 텔레비전이 켜 져 있었다. 문 여는 소리를 들은 어머니는 졸린 눈으로 문 쪽을 바라보며 말씀하셨다.

"윌리엄 왔니?"

나는 나지막한 목소리로 대답했다.

"어머니, 죄송해요. 일부러 늦으려던 건 아닌데, 이번 주에 너 무 바빴어요."

내가 기억하는 한 처음으로 어머니에게 먼저 사과를 건넨 것 이었다. 어머니는 나긋하게 말씀하셨다.

"아니다. 왔으면 됐지."

침대에 누워 계시는 어머니는 꽤 피곤해 보였다. 기다리시느 라 지친 기색이 역력했다.

어머니가 쉬시도록 방문을 닫고 식탁에 앉아 식어버린 음식을 다 먹어 치웠다. 식탁 위에는 내가 좋아하는 요리로 가득했다. 함께 둘러앉아 식사하는 자리를 고대하며 나를 배려한 가족들의 마음을 느낄 수 있었다. 자주 만나지도 못하는 가족들을 꼭 끌어안고 싶으면서도 나는 늘 이렇게 그들을 밀어낸다. 바쁘다는 핑계로 가족들의 사랑을 쉽게 생각해버리곤 한다. 그들의 배려와 노력을 아무렇지 않게 여기면서. 그 덕분에 지금의 내가 편안하게 살고 있음을 잊어서는 안 되는데 말이다. 일 때문에 늦었다는 것도 어쩌면 핑계일 수 있다. 어차피 가기로 예정되어 있었으니 이를 감안해 일을 조금만 미리 마무리했다면 제때 집에 도착할 수 있었을 것이다.

가까이 있는 관계를 당연하게 생각해서는 안 된다. 가까울수록 기꺼이 시간을 공유하고 서로 소중하게 여기는 지혜를 발휘해야 한다.

"어머니, 저 이제 갈게요."
어머니는 이 말을 듣자마자 갑자기 서두르시기 시작했다. 어머니는 냉큼 허리를 굽더니 냉장고를 뒤적거리셨다.

"사과 가져갈래?"

"만두는 어젯밤에 미리 얼려두었어. 신문지로 싸면 안 녹고 집에 가져갈 수 있을 게다"

"이번에 만든 돼지 족발 양념 맛은 괜찮았니? 맛있었으면 좀 챙겨가거라."

어머니는 수시로 부엌을 들락날락하며 각종 반찬과 과일을 하나하나 봉지에 싸고 다시 가방에 담기를 반복하셨다. 나에게 건네줄 때가 되어서야 본인이 너무 무겁게 물건을 쌌음을 깨달으셨다. 어머니는 웃으며 말씀하셨다.

"이거 다 가지고 차에 탈 수 있겠니?"

나는 못 들면 품에 안고서라도 무조건 다 들고 갈 생각이었다.

이제 내게 집은 부모님이 살고 계신 집이 아닌 나 혼자 거주하는 타이베이 공간을 의미하게 되었다. 타이베이에 있는 집은 '가는 곳'에서 '돌아가는 곳'으로 바뀌어 있었다. 이 변화가 부모님에게는 조금 어색하게 느껴질 것이다. 눈 깜짝할 사이에 나는 무엇이든 혼자의 힘으로 할 수 있게 되었다. 가족들에게 더는 기대지도 않고, 가족들의 감정도 고려하지 않았다. 조금이라도 의견이 맞지 않으면 떠나버리거나 집에 돌아오지 않는 방법으로 보복하고는 했다. 전화기 건너편에서 들려오는 목소리는 매년 조금씩 작아졌다. 마치 나와의 논쟁에 쏟을 힘이 더는 없는 것처럼 느껴질 정도로. 이제 나는 늘 부모님과의 논쟁에서 이기지만 조금도 기쁘지 않다.

그렇게 자식이 성장할수록 부모는 나이 들어간다. 기억력은 점점 감퇴하고, 체력도 떨어진다. 그럼에도 그분들은 내가 좋아하는 것과 싫어하는 것을 정확하게 기억하고, 아무리 늦은 시간에 내가 고향에 도착해도 말 몇 마디라도 더 나누려고 애써 잠을 몰아내며 눈에 힘을 주신다. 쏟아지는 졸음을 참아가며 내가 얼마나 살이 붙었는지, 또는 얼마나 야위었는지 살피신다. 타지에서 억울한 일을 당하고 고생할 때마다 다시 돌아갈 곳이 있어서 얼마나 안심이 되고 행복한지 모른다. 이런 부모 덕분에 나는 용감하게 살아나갈 수 있는 것이다.

요 몇 년 사이, 나의 생활 방식에 많은 변화가 생겼다. 바깥 세상은 늘 소란스러워 잘 알지 못하는 사람들과 만나는 것이 부담스러워졌다. 친구들과 모임도 너무 많아 큰 의미가 없고, 자주 만나면 단지 대화의 주제가 더 사소해질 뿐이다. 차라리 그 시간에 진짜 내 집으로 돌아와 편안함을 즐기려고 한다.

나에게 힘들 때 돌아갈 든든한 항구가 되어주는 부모에게 자투리 시간만을 허용하지 말자. 나를 조건 없이 사랑해준다는 것이 우선순위에서 가장 뒤쪽에 배치해도 괜찮다는 뜻은 아니다. 부모는 자신에게 남은 시간을 모두 자식을 위해 쓰고자 한다. 아무리 늦은 시간이어도 기다려주신다. **그분들이 원하는 것은 자식과 함께하는 시간이다.** 능력에 한계가 있어 되돌려 드릴 게 별로 없지만, 그래도 우리에게는 넉넉한 시간이 있으니 되도록 많은 시간을 함께하도록 하자.

**가족을 위해
시간을 비워두자**

바깥에 잘하느라 안을 소홀히 대하지 말자. 가족의 구성원으로서 의무를 다하자. 사랑하는 사람과 함께하는 시간을 소중히 여기자.

부모님과
함께

여행을
떠나볼 것

내 서랍 속에는 가족과 일본 교토 여행을 갔을 때 스스로에게
보내려고 사두었던 엽서 한 장이 있다. 처음으로 떠난 가족 여
행이었고, 부모님을 모시고 형과 형수, 남동생까지 어렵게 시간
을 맞추어 함께 갔다. 처음 며칠은 감동과 흥분을 가라앉히지
못하고 즐거워하기만 했다. 함께 돌아다니면서 '지금 우리 모습
이 진정 화목한 가족의 모습 아닐까'라는 생각도 했다. 생의 마
지막이 다가왔을 때 가장 행복한 순간을 꼽는다면 분명 지금 이
순간이 포함되어 있으리라 믿었다.

그 좋았던 순간은 그리 오래가지 못했다. 결국 돌아오는 길
에 우체국에 들러 엽서를 부치겠다는 내 계획은 무산되었고, 당

시의 감상을 글귀로 적어놓을 수도 없었다. 돌아오기 이틀 전에 어느 고깃집 앞에서 말다툼을 시작한 우리는 나중에는 번화가 대로에 서서 각자 알아서 숙소로 돌아가자고 소리를 지르기까지 했다.

시작은 사소한 다툼이었다. 부모님은 이 가게 저 가게 들어가며 끝도 없이 가격을 비교했다. 이미 산 물건임에도 더 싸게 파는 곳을 발견하면 곧 그전 집으로 돌아가 환불하고 물건을 다시 구매하셨다. 백화점이든 드러그스토어든 상관없이 이어지는 이 줄다리기 때문에 마치 블랙홀에 빠져 허우적대는 기분이 들었다. 게다가 나는 쇼핑보다는 아름다운 풍광을 둘러보거나 가족들과 맛있는 요리를 먹으며 즐거운 이야기를 나누고 싶었다. 할인 혜택을 누리기 위해 이토록 많이 돌아다니는 것은 시간낭비라고 생각했다.

여행 나흘째, 우리는 교토 유명 관광지를 가기 위해 일찍부터 서둘렀다. 나는 아름다운 장소에서 사진을 찍을 생각에 한껏 설레었다. 페이스북에 우리 가족의 화목한 사진을 올려야겠다고 생각하던 참이었다. 오사카에서 지하철을 탄 뒤 버스로 갈아타며 어렵게 도착한 관광지 기요미즈데라清水寺에서 부모님은 다리가 아프다며 근처 상점가에 가서 쉬고 싶다고 이야기했다. 심지어 우리가 도착한 그날은 기요미즈데라 보수 공사가 진행되는 바람에 그 앞에서 가족사진도 찍을 수 없었다.

어머니는 다시 오사카로 돌아가 저녁으로 고기를 먹자고 하셨다. 두 시간이나 이동해온 시간은 차치하더라도, 현지에 있는 친구가 어렵게 교토의 유명 식당을 예약해준 참이었는데 이를 취소하고 숙소로 돌아가자는 말씀이었다. 이러다가 민폐 관광객으로 낙인이라도 찍힐까 두려웠던 나는 어머니를 설득해 예약한 식당으로 안내했다. 하지만 식사 시간 분위기는 이미 얼어붙은 상태였다.

며칠 동안 서로 참기만 해서인지 오가는 대화가 마치 시한폭탄 같았다. 부모님은 저가 항공기 좌석이 너무 불편했다는 말을 시작으로 이런저런 불만을 토해냈다. 도착하고 나서도 일정을 수도 없이 바꾸는 부모님 때문에 스트레스가 이만저만 아니었던 나 역시 결국 폭발하고 말았다. 단체를 이끌고 다니는 것도 힘든데, 책망까지 들어야 하냐고 하소연했다. 마음은 힘든데 여행을 끝까지 책임져야 하다니. 결국 어머니는 한동안 나와 말을 섞지 않았다. 그저 빨리 시간이 흘러 이 여행이 끝나기만 바랐다.

언젠가 가족 여행을 계획하는 친구들에게 나의 파란만장한 여행 이야기를 들려준 적이 있다. 나보다 먼저 가족 여행을 다녀온 적이 있는 그들은 몇 가지 실용적인 팁을 알려주었다. 돈이 조금 들더라도 반드시 가이드를 고용하거나 패키지여행을 선택해야 된다는 의견이었다.

결국 천성이 얽매이는 것을 싫어하고 근검절약하는 습관 때문에 자유여행을 선택한 것이 화근이었다. 효도로 시작했던 여행이 악몽으로 끝나버리고 말았으니 말이다. 통솔하는 나도 힘들었지만, 얕은 체력으로 내 여행 일정을 쫓아다니던 부모 역시 쉬운 여행은 아니었을 것이다. 부모는 체력적으로나 정신적으로나 우리와 같은 일정을 여행하는 파트너가 될 수 없다. 나이가 들면 당연히 체력도 떨어지고 오래 걷기도 힘들다.

다시 가족 여행을 계획한다면 나는 노쇠하신 부모님도 편하게 여행하면서 나 또한 효도했다는 만족감을 느낄 수 있게 계획을 짜볼 수 있을 것 같다. 하루에 너무 많은 일정을 넣지 않고, 방문할 장소를 최소화해 피로를 풀 시간을 중간 중간 할애해주면서 말이다. 맛있는 음식과 볼거리만 있다면 반나절 동안은 같은 장소에서 머무는 여유도 챙길 것이다. 무언가 기록하고 방문해야 한다는 강박을 버리고, 가족과 아이들과 함께하는 순간에 집중할 것이다.

갈등을 해소하는 가장 좋은 방법은 역지사지의 마음이다. 내가 좋아하는 것 대신, 상대가 좋아할 만한 것을 헤아려보는 마음가짐이 가장 중요하다.

돌이켜보면 나는 시간을 더 들이더라도 발걸음을 늦추고 부모의 눈높이에서 계획을 다시 세웠어야 했다. 어른들 가운데에서는 집을 벗어나면 불안해하는 분들도 있다. 게다가 말도 통하지 않는 외국이라면 불안감은 더 높아질 게 뻔하다. 마음대로 되지 않아 당황한 마음이 자식들에게는 심술이나 트집으로 보이기도 한다.

역지사지로 생각해보면 부모님의 마음을 모를 바는 아니다. 일본처럼 먹을 것도 볼 것도 살 것도 다양한 나라에서는 나조차 정신을 놓기가 쉬운데, 부모님은 오죽하실까. 게다가 자식의 돈을 함부로 쓰기를 바라는 부모는 없다. '효도 여행한다고 돈을 많이 썼을 텐데' 싶어서 한 푼이라도 아끼기 위해 가격 비교를 하느라 돌아다니신 것이다. 이런 일이 생기기 전에 어디가 싸고 만족할 만한 상품을 파는지 내가 미리 조금 알아봐두었다면 헛걸음하지 않았을 것이다. 또 항공사를 꼼꼼하게 따져보고, 추가 비용을 내더라도 부모님이 조금이라도 더 편하게 갈 수 있는 방법을 고민했더라면 어떠했을까. 부모에게 여행을 힘든 노동이 아닌 선물처럼 보내드릴 수 있었을 것이다. 만약 당신이 부모와의 여행을 고려하고 있다면 나 역시 내 친구들이 이야기했던 것처럼 패키지여행 그리고 추가적으로 체험 관광을 추천하고 싶다. 요즘은 예약 시스템이 잘되어 있어 일정에 맞춰 사이트에서 예약만 하면 편안하게 현지 문화를 체험해볼 수 있고, 거기에 명소 가이드와 픽업 서비스까지 제공받을 수 있다. 부모가 원하는 것이 일정에 쫓기는 여행이 아니라 가족과 함께하는 시간임을 생각한다면 괜찮은 선택지가 될 것이다.

힘들었던 여행 이후 우리는 가족 여행에 대해 일언반구도 하지 않고 있다. 하지만 나는 곧 다가올 우리의 다음 여행을 고대하고 있다. 이번에는 좀더 부모의 상태와 마음을 헤아리고 맞추어가는 자식이 되어보려고 한다.

부모의 시간은 우리와 다르다.
조급해 말고 천천히 기다려야 한다

처지를 바꾸어서 상대의 마음을 헤아리는 연습을 해보자. 공감하는 자세만으로도 분위기는 한결 부드러워진다. 문제를 해결하고 싶다면 먼저 양보해보자.

당신의 목소리가
듣고 싶다는 건
일종의 SOS,

급하게 전화를
끊지 말 것

처음 사회에 발을 들였을 때 나는 기고만장했다. 내가 세상을 바꿀 수 있을 것 같았고, 삶의 모든 크고 작은 일을 스스로 처리할 수 있을 것 같았다. 마치 왕이라도 된 듯했다. 그래서 주변 사람들의 호의도 쉽게 생각했다. 부모님이 말을 조금만 길게 하셔도 잔소리로 치부했다. 부모님 앞에서 티를 내지는 않았지만, 바쁘다는 핑계로 대충 넘기며 대화가 세 마디 이상 넘어가지 않게 끝내버렸다.

그때는 부모님이 항상 제일 재미있게 놀고 있을 때만 골라서 전화를 하시는 것만 같았다. 새벽 한 시가 넘어서까지 친구들과 한창 술을 마시며 즐기고 있을 때였다. 휴대전화가 울렸다. 어머니 이름이 떠 있었지만 일부러 전화를 받지 않았다. 다음 날 술이 깬 다음에 전화를 드리면 된다고 생각했던 것이다. 그런데 평소와 달리 어머니는 전화를 한 번 더 거셨다. 낌새가 이상하다고 눈치채고 얼른 술집에서 빠져 나와 조용한 골목을 찾아 들어간 다음에 전화를 받았다.

"잤니? 혹시 동생이 너한테 전화 안 했어? 나랑 싸우고 한밤중에 집을 나가더니 지금까지 연락이 안 되는구나."

혹시나 나에게 방해라도 될까 봐 어머니는 무슨 말을 하려다 자꾸만 멈추었다. 어머니의 쉰 목소리를 들으니 마음이 좋지 않았다.

"무슨 일이신지 저한테 천천히 다 말씀해보세요."

그날 밤 어머니는 마음속 깊이 담아두었던 원망과 한숨을 전부 토로하셨다. 어려서부터 자식을 엄하게 교육시키며 험한 말도 서슴지 않았던 것을 후회하시면서, 우리가 세상 물정 모르고 밖에서 고생만 할까 걱정스러워서 엄하게 교육한 것이라고 말씀하셨다.

"너희들에게 벌을 주고 엄마는 방에 들어가서 몰래 울기도 했어. 엄마 역할을 하는 것도 스트레스가 큰데 도와주는 사람도 없고 말할 사람도 없었지."

그 말을 들으며 '진작 이런 말씀을 들려주셨더라면 좋았을 텐데'라고 생각했다.

나는 동생에게 안전하게 잘 있는지 연락해보겠다고 이야기하며 어머니를 위로했다. 휴대전화를 통해 이야기를 주고받으며, 어머니가 어린 시절에 외할머니도 이런 식으로 어머니를 달래서 재우지 않으셨을까 생각해보았다.

내가 아직 초등학생이던 시절에 아버지는 베트남에서 공장 일을 하시느라 출장으로 집을 자주 비우셨다. 한번 집을 비우면 몇 개월은 못 뵙는 게 기본이었다. 그래서 우리는 어머니가 전적으로 업어 키웠고, 육아로 바쁜 어머니에게 개인적인 시간은 우리가 잠든 이후에나 허락되었을 것이다.

나는 겁이 많은 편인데, 당시에 불행히도 혼자 방을 써야 했다. 어쩌다 텔레비전에서 무서운 만화영화라도 보면 그날은 불도 끄지 못하고 잠을 청했고, 아주 작은 소리에도 화들짝 놀라며 잠에서 깼다. 그날도 그처럼 잠 못 이루던 날 가운데 하나였던 것 같다. 무서워 혼자 잠을 청할 수 없을 것 같아 살금살금 계단까지 걸어가 어머니 방으로 다가갔다. 어머니는 외할머니와 통화 중이었다. 어머니는 외할머니와 통화만 했다 하면 아주 늦은 시간까지 끊을 줄을 모르셨는데, 그날은 방문 사이로 홀쩍이며 우는 소리가 새어나왔다. 깜짝 놀라 뛰어 들어가 물었다.

"엄마, 무슨 일이에요? 왜 울어요?"

갑작스러운 나의 방문에 놀란 어머니는 얼른 눈물을 닦으며 '아무것도 아니다'라고 말씀하시며 전화기를 내려놓았다. 그러고는 나를 향해 손을 흔들며 얼른 들어가서 자라고 재촉했다.

종종 궁금해진다. 그때 어머니는 자신의 어머니에게 어떤 하소연을 하고 계셨을까. 그때는 모바일 메신저 같은 것도 없고, 문자 메시지를 보내는 것도 쉽지 않았을 테니 어머니가 하소연할 수 있는 유일한 통로는 그 전화였을 것이다. 외할머니에게조차 꺼내기 힘든 말들은 가슴속에 담아둘 수밖에 없었을 것이다. 한두 해 지나며 우리가 자라면서 어머니가 새벽에 외할머니에게 전화를 거는 횟수는 점차 줄어들었다.

어렸을 때는 부모가 무너지지 않는 장벽과도 같이 느껴진다. 늘 우리를 보호해주고, 우리가 멀리 내다보고 싶다면 부모의 어깨에 올라타 세상을 바라보면 되었다. 그러다 점점 자라나 거만한 10대가 되면 자신이 세상에서 가장 대단한 듯 세상과 싸울 기세가 넘치게 된다. 그리고 40대 인생의 정점에 서 있는 부모 또한 혈기왕성한 시기라 자식과 부모는 끊임없이 충돌한다. 자식이 20대가 되면 점차 가정 밖으로 삶의 영역을 확장하면서 부모와 멀어지기 시작한다. 그리고 서른을 넘어 부모를 바라보면 그들의 고된 삶이 조금씩 엿보인다. 예전에는 우리가 부모님을 올려다보았지만, 지금은 반대로 부모님이 우리를 올려다보신다.

내가 나이 들어가는 것을 부모님은 기다려주지 않는다. 대화할 기회를 만들고, 함께할 시간을 늘려야 한다.

언젠가 거울 앞에 서서 매무새를 가다듬으며 면접에 갈 준비를 하던 때였다. 면접에 관해 내가 어머니께 말씀을 드렸는지 기억도 안 나는데, 어머니는 정확히 기억하고는 아침 일찍부터 전화를 걸어 '복장을 단정히 잘 갖추어 입어라', '면접관이 묻는 말에 성실하게 대답해야 한다', '긴장하지 말고 차분하게 임해라' 등 여러 당부를 하셨다. 행여나 내게 방해가 되는 것은 아닌가 싶어 오래 망설이다가 전화하신 게 분명했다. 나는 일부러 목소리를 높여, 걱정하지 마시라고, 면접 끝나자마자 연락드리겠다고 한 뒤 전화를 끊었다.

내가 집을 떠난 지도 이제 20년이 다 되어가고 부모님은 이제 내 삶을 간섭할 기력도 없으시다. 만나는 날조차 뜸하다 보니 내가 먼저 전화를 걸어 최근에 있었던 일을 이야기해주면 반가워하시고 안심하신다. 길거리에서 국수 한 그릇 사먹은 일 같은 아주 사소한 일상도 중대한 일처럼 들어주신다. 나도 이전처럼 서둘러 전화를 끊으려 하지 않고 간단한 이야기도 늘려가며 이런저런 대화를 건넨다. 바쁜 삶 속에서 단 몇 분이라도 대화하는 시간을 내는 것은 서로에게 중요한 일이다.

어머니의 일상은 범위가 그리 넓지 않다. 집 근처 10킬로미터 정도가 어머니 삶의 반경 전부이지만, 내가 목소리를 들려드리고 관심을 보이면 어머니의 삶의 반경은 나와 어머니 사이의 거리만큼이나 넓어진다.

**당장 전화기를 들어
부모님에게 목소리를 들려드리자**

부모의 마음을 조금이라도 헤아려보려 노력해보자. 그분들의 메마른 마음은 자식만이 적실 수 있다. 잠깐 짬을 내어 건 전화가 그분들에게는 사막 속 단비처럼 다가올 것이다.

귀에
거슬리는 말은

살며시
전할 것

"이번 주말에 집에 올 수 있니?"

어머니가 부드러운 목소리로 나지막이 말을 걸면 어렵게 부탁할 일이 생긴 게 분명하다.

"일이 바빠서 상황을 보아야 될 것 같은데요. 무슨 일 있으세요?"

"다른 게 아니라, 네 이모가 선을 주선해준단다. 우리 동네에 사는 아가씨인데, 집안도 괜찮고 외국에서 석사까지 공부했다더라."

"엄마, 이모께 저 대신 감사하지만 괜찮다고 전해주세요."

맞선 같은 것은 나와 상관없는 일일 줄 알았는데, 나에게도 그런 맞선 자리가 들어오는 나이가 되었다. 귓가에서는 노총각의 인생 서곡이 맴돌고, 당황한 나는 어쩔 줄 몰라 하다가 급하게 거절한 뒤에 전화를 끊었다.

부모님은 전부터 내 연애 상황에 대한 질문을 많이 하셨다. 왜 결혼을 안 하는지 초반에는 애태우며 떠보는 듯 질문하시다가, 내가 늘 똑같은 대답을 하니 이제는 가끔 부드러운 말투로 언급하는 수준이다.

"나중에 네가 결혼하면……."

끝도 없이 이어지는 질문에 벗어나기 위해 나는 점점 단호해지고, 결국 온 집안이 침묵으로 감싸며 이야기를 끝맺는다.

자꾸만 결혼을 재촉하는 부모와 그에 관해 제대로 대화를 나누어보기로 했다.

"잘 맞지도 않는 사람과 만나서 행복하지도 못하고 매일 싸우고 결국 이혼하면 누가 제 정신적 고통을 책임지죠? 원하시는 대로 결혼하면 그것으로 끝날까요? 아이는 언제 낳을 거냐고 물으시겠죠. 그러면 양육 문제는 어떻게 하고요. 두 분이 도와주시는 것도 한계가 있고, 도와주신다고 해도 고작 몇 년뿐이잖아요. 결국 가족을 부양하는 스트레스는 당사자인 제가 받아요. 한 사람 걱정으로 끝날 문제를 두 사람, 세 사람 걱정해야 하잖아요. 그러니 평생 다른 사람까지 걱정하며 사느니 저만 책임지고 싶다는 게 제 소신이에요. 이제 제 걱정 그만하시고 두 분 은퇴 후 생활에 관해서나 생각해보세요."

그간 쌓인 속마음을 한꺼번에 쏟아내었다. 눈시울이 한껏 붉어진 두 분은 멍하니 소파에 앉아 있다가 풀이 죽은 목소리로 중얼거리셨다.

"알았다. 이제 더는 이야기 안 하마."

그날 이후 결혼이라는 단어를 입 밖으로 꺼내는 사람은 없어졌다.

다음 날 아침, 집으로 돌아갈 준비를 하는 내게 아버지가 기차역까지 태워다주겠다고 말을 건네었다. 차 안에는 친밀함과 어색함이 공존했다. 사실 마음속에 있는 말을 더하고 싶었지만, 연애 문제에 관해 대답하고 싶지 않은 질문이 이어질까 우려되어 그만두었다.

차에서 내리기 직전에 아버지가 말을 걸었다.

"다 네가 걱정되어 한 말이야. 네가 싫으면 어쩔 수 없다만 자식이 잘되기를 바라는 우리 마음도 좀 이해해주렴."

거칠고 경솔한 발언은 입에서 발사된 총알과도 같다. 상대의 마음을 산산조각 낼 수도 있고, 큰 구멍을 만들 수도 있다. 그 파괴력은 가까울수록 더 크다.

대화를 나눌 때, 특히 사랑하는 사람에게 자신의 의견을 밝힐 때는 '끝장을 보겠다'는 마음가짐으로 달려들어서는 안 된다. 그런 태도가 얼마나 잔인한 결과를 초래하게 될지 곰곰이 생각해 보아야 한다.

아버지는 그날 밤 두 분의 마음이 얼마나 안 좋았는지 알려 주셨다. 그럼에도 내 강한 성격에 상처받은 자신들의 마음보다, 그간 혼자 끙끙 앓으면서도 말을 꺼내지 못하고 힘들어했을 나를 더 걱정하셨다고 한다. 그제야 전날 내가 사랑하는 분들에게 얼마나 큰 상처를 남겼는지 깨닫게 되었다.

자식 걱정은 부모의 끊을 수 없는 습관이다. 그분들의 초조함의 근원이 사랑이라는 사실을 알면 조금 더 쉽게 이해하고 관대해질 수 있을 것이다. 서로가 논쟁을 벌이다가 상처를 주고받으며 힘들어하지 말고, 꼭 해야 할 말이 있다면 진심에 사탕을 바르는 연습을 해보자. 분명 입에는 쓰지만 잘 넘길 수 있는 좋은 방법이 있을 것이다.

입장이 다르다고 해서 우리가 서로 사랑하지 않는 것은 아니다. 모진 말을 내뱉지 말고 우선 상대의 입장을 귀담아 들어보아야 한다. 진심으로 소통하기를 바란다면 최대한 순화해서 상대가 내 마음을 잘 소화해 넘길 수 있도록 부드럽게 대해보자. '나'라는 말보다는 '엄마', '아빠'로 이야기를 시작하고, '우리'라는 단어를 자주 언급하는 것도 하나의 기술이다. 그리고 지금까지 하는 자신의 주장이 결코 반발심에서 나온 발언이나 경솔한 결정이 아니라는 증거들을 보여주어 그분들이 안심할 수 있도록 만들어야 한다.

그 후 나는 종종 부모님에게 내 근황을 전해드렸다. 내가 선택한 '결혼 없는 삶'을 그분들에게 보여드리기 위해서였다. 내가 원하는 삶이 나쁘지 않음을 직접 눈으로 보고 귀로 들으신다면 안심하실 것이라 생각했다. 시간이 날 때마다 내 인생 계획과 작업실을 만드는 과정, 해외 연수 등 현재의 일상과 미래의 계획들을 공유했다. 이제 두 분은 내 결정을 믿고 존중해주는 모습을 보여주신다.

마음이 편안해야 모든 것이 편안하다. 나를 사랑하고 지지해주는 사람들의 삶이 편안해야 내 삶도 편안해진다. 우리 모두는 연결되어 있다. 지금은 친척이나 친구들이 내 결혼 이야기를 물으면 부모님이 먼저 나서서 대변해주신다.

"젊은 사람이 알아서 할 일이야. 우리 때나 필수지, 요즘 세상에 결혼이 그리 중요한가?"

직설화법은 관계에
도움이 되지 않는다

가까운 사이라고 해서 아무 말이나 던져도 되는 것은 아니다. 진심일수록 한 번 더 생각해야만 한다. 어떻게 말해야 상대가 좀더 편하게 받아들일 수 있을지, 상대의 걱정을 덜어줄 수 있을지 고민해보자.

부모님에게

스마트폰 사용법을
가르쳐드릴 것

어릴 적 아버지는 항상 바쁘셨다. 당시에 허리에 가죽으로 만든 검은색 휴대전화 케이스를 차고 다니셨는데, 하도 전화를 많이 걸고 받아서 버튼식 휴대전화에 숫자들이 다 지워져 있던 기억이 난다. 일도 얼마나 바빴는지, 구형 포드 차를 몰고 집에 돌아와서는 지게차에 시동을 걸고 나갔다가 다시 돌아와 파란색 화물차를 바꿔 타 가지고 나가시는 모습이 기억난다. 그 정신없는 뒷모습을 바라보던 어린 나는 아버지에게 말 몇 마디 건네기도 힘들었다.

잠깐 짬이 나면 아버지는 나에게 다가와 숙제는 다 했는지, 시험은 잘 보았는지 물으셨다. 그러나 내가 학교에서 무엇을 배

윴는지 들어주실 시간은 없었다. 대화가 미처 끝나기도 전에 아버지의 휴대전화 벨이 울렸기 때문이다. 그럴 때마다 아버지는 얼른 전화기를 꺼내 들고는 나에게 "어서 올라가 공부해라"는 말을 건네며 돌아서셨다.

아버지의 휴대전화는 당신의 은퇴 이후 조용해졌다. 이제는 그분의 휴대전화가 텔레비전 리모컨보다도 못한 물건처럼 보인다. 가끔 친구들에게 전화가 오면 그제야 아버지는 1인용 의자에서 몸을 일으키며 우렁찬 목소리로 말씀하신다.

"아이고 천 씨! 오랜만이야. 잘 지냈어?"

한번은 아버지가 "내 휴대전화도 인터넷을 사용할 수는 없을까?"라고 물으셨다. 형은 바로 받아쳤다.

"인터넷으로 뭐하시게요. 휴대전화로 딱히 하시는 것도 없는데 괜히 요금만 많이 나와요. 또 뭐 하나 잘못 눌렀다가 사기당할 확률도 높고요."

형의 말에 잠시 말문이 막힌 아버지가 조용히 대답하셨다.

"친구들을 보니 메신저로 사진도 보내고 메시지도 보내더라."

형이 아버지의 부탁을 단번에 거절하지 말고 경청해드렸다면 어떠했을까? 둘 사이의 관계 친밀도는 한결 높아졌을 것이다. 부모의 부탁은 두 세대의 소통의 부재를 해결할 좋은 기회가 될 수 있다.

아버지 휴대전화는 너무 옛날 모델이라 인터넷이 된다고 해도 모바일 메신저를 제대로 사용할 수 없었다. 마침 약정 기간이 끝나기도 해서 나는 아버지 휴대전화를 스마트폰으로 바꾸어드렸다. 그 후로 스마트폰은 아버지의 학교가 되었다. 개학 첫날에는 질문이 끝도 없이 쏟아지는 법이다. 어떻게 사진을 찍는지, 찍은 사진을 어디서 볼 수 있는지, 동영상을 그룹 채팅방에 어떻게 올리는지, 친구가 보낸 이미지를 어떻게 저장해야 하는지 등. 아버지는 질문들을 하나둘 모아두었다가 내가 집에 내려가면 폭풍처럼 던지기 시작하셨다. 덕분에 우리 사이에 대화가 끊이지 않게 되었다.

뒤이어 어머니도 스마트폰 세계에 입문했다. 어머니는 페이스북을 배우고 싶어 하셨다. 나는 어머니를 대신해 계정을 개설해드리고 내친김에 페이스북 친구까지 맺었다.

"어머니, 이제 저와 페이스북 친구예요. 근데 저와 친구여도 보기만 하셔야 돼요."

"알았어, 알았어."

어머니는 흥분을 감추지 못한 채 대답하셨다. 목소리에 들뜬 감정이 그대로 묻어나왔다.

어린 자식에게 부모가 눈과 귀가 되어주었듯이, 부모가 늙으면 자식이 그들의 눈이 되어주자. 넓은 세상을 눈앞에 가져와 보여드리고, 지팡이가 되어 어디든지 갈 수 있게 도와드리자.

어머니에게 페이스북 계정이 생기고 난 후, 우리의 대화 주제는 폭넓어졌다. 전에는 집안일에 국한되어 대화를 나누었다면, 이제 우리는 광활한 우주를 공유하는 셈이다. 친구들의 근황과, 다른 집 아이들이 얼마나 컸는지 이야기를 나눈다. 어머니는 마치 신대륙을 발견한 것처럼 새로 접한 것들을 신나게 공유하시기도 한다.

어느 날 오후 어머니는 나에게 전화해서 보이스피싱 전화를 받았는데 침착하게 잘 대응했다고 자랑하듯 말씀하셨다.

"방금 누가 전화해서 형이 납치되었다는 거야. 하지만 나는 거짓말인지 다 알고 있었지. 너희 형은 위층에 있었거든. 인터넷에서 본 적이 있어. 그런 건 전부 거짓말이라고 하더라."

어머니의 이야기를 듣고 나는 소리 내어 크게 웃었다.

부모님과 잘 지내기 수업에서 나는 항상 낙제점이었다. 돌이켜 보면 나는 항상 높은 곳에 서서 그분들을 내려다보고 있었던 게 아닌가 싶다. 휴대전화를 사드리면서도 혹여 보이스피싱이

나 당하시지 않을까, 요즘 유행하는 가짜 뉴스에 현혹되는 것은
아닐까 하며 걱정거리로 여기는 마음이 있었던 것도 사실이다.
그런데 이는 부모에게 정보가 부족하기 때문이다. 내가 나서서
정보격차를 해소해주고 가르쳐드리면 될 일이다.

　요즘에는 고향에 내려갈 때마다 스마트폰 수업을 진행한다.
부모님의 스마트폰을 들고 화면을 가리키며 하나하나 가르쳐
드린다. 가장 쉬운 조작도 잘 이해하셨는지 두세 번씩 확인해야
하지만 안경을 고쳐 쓰며 한껏 집중하는 두 분의 모습이 새삼
사랑스럽게 느껴져 열심히 가르쳐드리는 중이다. 우리가 함께
하는 그 시간의 따뜻함이 익숙하면서도 낯설게 느껴진다.

**부모의 부탁은
좀더 가까워질 수 있는 기회**

자식들은 계속 새로운 세상을 흡수하며 성장하지만, 부모는 여전히 제
자리에 서 있다. 두 세대의 거리를 좁히려면 자식이 한 걸음 다가설 수
밖에 없다.

때로는 투정을 부려볼 것

나는 만 열여섯이 지나자마자 신문의 구인광고 페이지를 뒤적거리며 아르바이트할 거리를 찾았다. 나를 써주기만 하면 무슨 일이든 했다. 부모의 경제적 지원에서 벗어나고 싶었기 때문이다. 흰머리독수리가 새를 사냥할 때의 눈빛으로, '파트타임', '학생 아르바이트' 같은 단어들을 훑어가며 가게마다 전화를 걸었다. 어렵게 한 중식당에 채용된 이후 카페, 노래방, 고깃집, 딤섬식당 등 여러 가게를 전전하며 아르바이트를 했다.

하루는 아버지의 고객이 내가 일하는 식당에 와서 식사를 하고 갔다. 그 고객이 아버지께 나를 보았다고 아는 체했나 보다. 아르바이트를 마치고 집에 돌아갔더니 어머니가 한마디를 건네었다.

"모르는 사람이 보면 우리 집 형편이 꽤 어려운지 알겠다."

이런 감정적인 말조차 힘이 들었다. 나는 속으로 얼른 부모의 울타리에서 벗어나 독립하겠다고 결심했다.

"내가 키운 자식한테 말도 못 하니? 능력 있으면 이 집에서 썩 나가!"

"키워주실 필요 없어요. 제가 알아서 할 거예요. 능력이 생기면 바로 나갈 거라고요."

기어코 아르바이트를 하며 독립을 꿈꾸는 나를 보고 부모님이 못마땅한 소리를 하면 늘 이런 식으로 다투곤 했다. 걸핏하면 나에게 나가라고 하시니 나는 대학도 일부러 집에서 먼 곳들만 골라 지원했다. 합격자 발표가 나던 날, 합격 소식을 듣고 흥분해서 방 안을 방방 뛰어다니며 소리를 질렀다. 드디어 독립이다!

고향에서의 마지막 날, 어머니와 사촌누나가 자가용으로 기숙사까지 데려다주었다. 차 트렁크에 온갖 잡동사니를 꽉꽉 채우고 출발했다. 나는 컴퓨터 본체를 끌어안고 이불과 함께 뒷좌석에 앉았다. 주변 풍경이 농지에서 빌딩으로 바뀌어가는 장면을 바라보며 앞으로 내 삶이 어떻게 바뀔지 상상의 나래를 펼쳤다.

교외 기숙사에 도착하자마자 트렁크에 있던 물건들을 하나둘 꺼내어 4층 방으로 옮겼다. 어머니는 문 앞에 서서 내가 상자를 뜯는 모습을 지켜보셨다.

"어두워지기 전에 빨리 돌아가세요. 밤에 운전하면 위험해요."

"그래, 그럼 이만 갈게."

섭섭한 마음을 감추지 못하는 어머니에게 손을 흔들어가며 인사했다. 차가 점점 시야에서 사라지는 모습을 확인하고서는 나도 모르게 깊은 한숨을 내쉬었다. 그 한숨이 홀가분해서였는지 아니면 불안해서 나왔는지 모르겠다. 그날 함께 있던 사촌누나는 돌아가는 길에 어머니가 계속 고개를 돌려 뒤를 바라보았다고 전했다. 무릎 위에 올려놓은 가방을 꼭 쥔 채 창밖을 바라보며 내내 울고 계셨다고 한다.

자식은 나이가 들면 어엿하게 홀로서기를 하고 경제적으로 독립한다. 하지만 그렇다고 정서적으로도 의지하지 않고 즐거운 일이나 힘든 일이 있어도 공유하지 않으면 부모에게는 정신적 폭력으로 느껴질 수 있다. 어릴 적에는 부모가 나를 위해 무언가를 해주려고 노력하는 것이 싫었고, 필요도 없다고 생각했다. 당시에는 부모의 속박에서 벗어나기 위해 노력하는 데 급급해, 부모도 내게 똑같이 속박을 느끼고 있으리라고 생각하지는 못했다. 지금은 주변 사람들이 부모님께 나에 관해 물으면 '일하느라 바빠서 자주 못 오는 둘째 아들'이라고 설명하신다. 어쩐지 거리감이 느껴지는 수식이다.

그분들은 더 좋은 삶을 위해 정신없이 일하셨고, 자식들을 잘 먹이고 키우는 데 최선을 다하셨다. 노력에 대한 보상을 자식에게 아낌없이 퍼주는 것으로만 생각하셨던 분들이다. 비록 그분들이 주시는 것들이 내가 원하는 게 아닐 때도 많았지만 말이다. 그분들이 원하는 것은 단지 자식에게 필요한 존재가 되고 싶다는 마음뿐이었다. 미처 생각하지 못했던 부분이다.

독립과 정서적인 단절을 동일시하다 보면 자식을 위해 헌신해온 부모님에게 상처를 입힐 수도 있다.

언젠가 직장도 잃고 친구에게도 배신을 당해 어느 때보다 힘들던 해가 있었다. 어머니는 나의 힘없는 목소리를 먼저 발견하고 '힘들면 집으로 돌아오라'고 말씀해주셨다. 어찌되었든 나는 여전히 돌아갈 수 있는 고향이 있었다. 내가 밖에서 방황하며 먼 길을 돌아와도 그분들은 항상 그 자리에서 나를 기다리고 계신다. 고향 집에 가면 부모님은 매일 세 끼를 준비해주고 옷을 개어 침대 머리맡에 놓아주고 가신다. 밤에 내 방에 불이 켜져 있으면 살며시 다가와 물건을 빌리는 척하며 관심을 기울이신다. 우리는 그렇게 각자의 안식처가 되어주었다. 과거에 그렇게 벗어나고 싶었던 그 집이 가장 안전한 피난처로 변할 줄은 상상도 하지 못했다.

우리 가족에게 무엇이 부족한지 제대로 알지 못할 때는 매번 집으로 돌아올 때마다 건강식품, 향수, 가방 같은 것들을 사서 어머니께 선물로 드리고는 했다. 어머니는 늘 미소 지으며 내 선물을 받아 들었지만, 뜯어보지도 않고 화장대 서랍에 넣어두시기 일쑤였다. 어머니에게 필요한 것은 물질이 아니라 정서적 교감이었는데 말이다. 그때는 어머니가 느끼실 박탈감을 생각하지 못했다. 자신이 더는 자식에게 필요 없는 존재가 되었다고 느끼신다는 사실을. 억지로 자신의 살을 떼어낸 것처럼 아프고 고통스러우셨을 것이다.

한 사람을 진심으로 사랑하면 상대에게서 무언가를 얻으려 하지 않는다. 오히려 자신의 목숨을 상대에게 내어주려고 한다. 부모에게 자식이라는 존재는 그런 의미다.

그분들에게 가장 좋은 선물은 바로 내가 기대는 것이었다. 이제는 집에 내려가면 일부러 일찍 일어나 어머니를 따라 시장으

로 향한다. 어머니 단골 가게에 들러 찌개거리와 간식을 사고
팔짱을 낀 채 시장을 한 바퀴 돈다. 잠자기 전에는 어머니에게
다가가 새로 산 셔츠의 단추가 떨어졌다며 괜한 투정을 부려본
다. 내가 해도 되지만 어머니의 "단추 하나도 제대로 못 꿰매네"
소리를 한 번 듣고 싶어서다. 이러다 보면 여전히 함께 사는 기
분이 든다.

◇◇◇◇◇◇◇◇◇

감정적으로 서로에게
필요한 존재가 되어주자

가장 화목한 가족은 감정적으로 서로에게 필요한 존재가 되어주는 것
이다. 부모에게 다시 자식을 살뜰히 보살피던 그 시절의 역할을 돌려주
는 것이다.

가족에게 친구를 소개하고

내가 사는 세계를 공유할 것

집에서 아버지는 늘 좋은 아빠 역할에 충실했다. 우리에게 엄하게 대하신 적도 별로 없고, 말투도 늘 온화하며, 가끔 부정적인 감정이 생겨도 금세 털어내신다. 어렸을 때는 공부에, 지금은 우리 일에만 관심을 보이실 뿐 그 외에 다른 일은 크게 묻지 않으신다.

그런 아버지가 남동생과 갈등을 빚은 적이 있다. 화가 난 남동생은 집을 나가겠다며 소란을 피웠고, 아버지는 화가 난 나머지 동생의 뺨을 때렸다. 그렇게까지 화내시는 모습을 처음 보아서 나는 어안이 벙벙했다. 당시에 남동생은 그 나이대에 할 수 있는 사소한 일탈을 했을 뿐이었다. 나는 옆에서 좋은 말로 아버지를 설득하며 중재에 나섰다. 내가 남동생 편을 든다고 생각했는지 아버지는 더 불같이 화를 내면서 나를 매섭게 쏘아보았다.

"지금은 이 정도 일탈이지만 내일은 더 삐뚤어질 수 있다. 이러다가 애가 잘못되기라도 하면 네가 책임질 테냐?"

보수적인 아버지를 설득할 방법은 없어 보여서 나도 입을 다물었다. 나중에 동생을 몰래 불러낸 뒤에 '앞으로가 더 힘들 것'이라고 알려주었다. 일을 더 크게 벌이고 싶지 않다면 겉으로도 부모님의 말씀을 따르는 흉내라도 내라고 조언했다.

예상대로 부모님은 남동생을 주시하기 시작하셨다. 동생의 친구들을 세세하게 살피고, 누구와 주로 돌아다니는지, 어디에 가는지, 무엇을 하는지, 몇 시에 들어올 것인지 하나하나 물어보았다. 조금이라도 대답이 늦거나 우물쭈물하면 바로 압박이 들어왔다.

남동생의 일탈이 큰 잘못이라 생각하지 않고, 부모님에게 반항하는 것이 나쁘다고 생각하지도 않는다. 오히려 부모님이 '자식이라면 무조건 내 말을 따라야 한다'고 나오는 것이 폭력일 수 있다고 생각한다. 그러나 이런 말들은 부모님에게 씨알도 먹히지 않는다. 우리 가족은 단란하지만, 이처럼 부모와 자식 사이에 여전히 거리감이 있다. 이를 흔한 말로 세대차이라고 부른다.

> 부모와 소통할 때는 정면으로 부딪치지 말아야 한다. 맞부딪칠수록 양쪽 모두 상처만 남는다. 상대가 받아들일 수 있는 한계를 존중하면서 문제를 해결하려는 태도가 필요하다.

감정적으로 굴며 온갖 협박을 하는 부모를 대할 때는 자신의 입장을 정확하고 분명하게 밝혀야 하지만, 그렇다고 날을 세울 필요는 없다. 어른들의 방어 태세를 조금씩 허물면서 부드럽게 다가가야 한다. 부드럽지만 단호한 태도로 부모를 대하며 상대에게 믿음을 심어주어야 한다.

부모님의 질문 공세에 질려버린 동생은 괜찮은 방법을 생각해냈다. 바로 아예 친구를 집으로 불러서 놀기 시작한 것이다. 친구들과 간단하게 이런저런 게임을 하고 놀다가, 인원수가 모자라면 어머니를 불러 함께 게임을 진행하기도 했다. 그러니 이제는 부모님도 남동생을 믿고 더는 행적을 캐묻는 사적인 질문을 자제하게 되었다.

동생의 친구 중에는 불량해 보이는 이도 있고, 또 아주 모범생 같아 보이는 아이도 존재한다. 겉보기에는 각양각색이어도 다들 미소를 띠고 부모님께 친근하게 대하니 어머니 아버지도 그들에게 마음을 열고 친자식처럼 대하시기 시작했다. 그 모습을 보며 동생이 얼마나 현명하게 처신했는지 느낄 수 있었다.

모르는 사물을 발견했을 때는 두려운 마음이 드는 게 사람의 일반적인 태도다. 우리도 자식의 삶을 처음 겪지만, 부모 또한 부모의 삶을 처음 겪는 중이다. 잘 모르니 실수할 수 있고, 가끔 서로에게 상처를 줄 수도 있다. 처음 보는 상황이니 부모가 자신의 경험에 비추어 마음대로 판단해버리기도 한다. 그 과정에서 실수가 일어나기도 한다. 모두 경험과 가치관의 차이에서 비롯된 안타까운 현실이다.

부모의 관점이 편협하다고 무시하고 윽박지르는 대신, 그분들에게 자식의 세계를 직접 경험하게 해드리는 것은 어떨까? 좁았던 부모의 세계관을 확장시켜드리는 것이다. 당신과 가까워지기를 바라는 그분들을 당신의 세계에 초대해보자. 서로를 이해하고 난 다음에는 믿음이 한층 더 두터워지는 경험을 하게 될 것이다.

게다가 부모의 지나친 관심은 자식에 대해 너무 아는 게 없기 때문에 일어나는 것이다. 잘 모르는 세계를 함부로 재단한 부모의 관점에도 문제가 있지만, 그분들에게 제대로 판단할 정보를 주지 않은 자식의 문제도 분명 존재한다. 두 세대가 서로 교류하며 존중하는 태도로 서로에 대해 배워보면 어떨까? 대화하다 보면 차츰 부모가 자신의 잘못을 인정할 수도 있고, 어쩌면 부모의 관점이 옳았을지도 모른다. 함께 머리를 맞대고 허심탄회하게 서로에 대해 공부하는 시간을 가져보기를 추천한다.

◇◇◇◇◇◇◇◇◇

세대 간 교류가 필요하다

부모님의 친구에게 다가가 그분들의 세계에 발을 담가보고, 또 자신의 친구를 부모님께 소개해 자기 세계를 공유해보자. 공유와 소통이 두 세대 간의 관계를 좀더 부드럽게 만들어줄 수 있을 것이다.

스트레스
없는

랜선 생활을
위한
관계 원칙

온라인 인간관계에
관하여

가상과 현실의 경계선을 잘 그어 자유롭게 넘나들 수 있어야 한다. 인터넷에 노출되는 '나'는 필터를 한 번 씌운 상태임을 잊지 말자. SNS 속 나는 현실의 일부분일 뿐, 진정한 내가 아니다. 그 캐릭터에 너무 많은 의미를 부여하지 말자. 인생의 홈그라운드는 그곳에 있지 않다.

마찬가지로 인터넷에서 만난 친구도 그 사람 자체는 아니다. 그러니 상대와 쌓은 관계는 모래성에 쌓은 것처럼 연약할 확률이 높다. 인터넷 접속만 끊어도 끊어질 얕은 관계다. 그러니 조금은 냉담하게 굴어도 괜찮다. 진정 깊은 관계를 만들고 싶다면 현실에서 함께하는 시간을 쌓아야 한다.

랜선 관계가
가진

한계를
인정할 것

스마트폰을 사용할 줄 아는 사람이라면 누구나 소셜미디어를 활용하는 시대가 되었다. 인터넷 세계의 가장 큰 장점은 '소통'이다. 가상의 공간에서 서로 의견을 교환하고, 다른 생각들을 엿보며, 얼마나 멀리 떨어져 있든 상관없이 뜻이 맞는 사람과 친밀한 사이가 되기도 한다. 랜선 친구가 많을수록 이른바 '인싸'가 된 것 같은 기분에 우쭐해지기도 한다.

그러나 인터넷상의 폭넓은 인간관계에는 거품이 많다는 사실을 잊어서는 안 된다. 사람이 많아지면 방해도 늘어나게 마련이다. 지나치고 불필요한 교류에 시간을 허비하게 되고, 말 때문에 오해가 생기기도 한다. 어쩔 때는 하루의 반나절을 해명하는 데 쏟아부어야 할 때도 있다. 얼굴을 마주하고 이야기했다면 쉽게 풀릴 수 있을지도 모르지만, 인터넷상에서는 쉽지 않다.

인터넷에서 진정한 친구를 만나는 것은 마치 복권에 당첨되는 것과 같다. 내 손에 들어온다고 해도 당첨될 확률이 무척 낮기에, 효율적인 인맥 투자라고 보기도 어렵다. 온라인에서 이야기가 잘 통하는 사람이라 생각해 친밀하게 지냈다고 해도 막상 오프라인에서 만나보면 왠지 모를 어색함에 얼른 자리를 뜨고 싶던 경험이 누구에게나 있을 것이다. 아무리 노력해도 인터넷상에서의 관계와 실제 관계에는 괴리가 생길 수밖에 없다.

인터넷상에서는 진실이 알려져도 잘못 해석되곤 하니 낯선 이들의 판단력을 간과하지 않도록 해야 한다.

또 인터넷에서 만난 사이는 전적으로 신뢰가 쌓이기 쉽지 않다. 내가 상대를 믿는다고 해서 상대도 나를 신뢰한다고 생각해서는 안 되기 때문이다. 사람과 사람 사이에는 서로 얼굴을 마주하고 신뢰를 쌓는 물리적인 시간이 필요하다.

한때 나도 소셜미디어의 친구 수에 집착하던 때가 있었다. 그러나 친구가 5,000명이 되었을 때, 문을 활짝 열어둘수록 내 일거수일투족이 감시당한다는 사실을 깨달았다. 게시글을 하나 올릴 때마다 사진이 내 의도와 다르게 해석되지는 않을지, 내가 올린 글이 다른 누군가의 프라이버시를 침해하지는 않는지 따지게 되었다. 내 글이나 사진이 의도와 다르게 해석될 때마다 해명하느라 바빠졌고, 그러다 보니 몸도 마음도 지쳐버렸다.

그때부터 관계들을 돌아보기 시작했다. 정말 필요한 관계인지 따져보고, 잘 연락하지 않거나 한 번도 본 적 없는 사이일 경우에는 과감하게 '친구 끊기' 버튼을 눌렀다. 그리고 남은 친구들을 다시 분류해 새롭게 리스트를 만들었다. 인사 정도만 하는 친구, 일로 만난 친구, 정말 친한 친구 등 관계의 밀도를 따져보았다.

과감하게 온라인 친구를 정리했지만 내 삶에 타격은 그리 크지 않았다. 인터넷에서 사귄 친구들과 새로운 관계를 시작할 수 있는 것도 맞지만, 그 관계가 가진 한계도 분명하다. 가상의 관계에 너무 큰 의미를 둘 필요는 없다.

⬦⬦⬦⬦⬦⬦⬦⬦⬦

소셜네트워크 속 친구 관계

SNS상의 친구가 정말 필요한 관계인지 고민해보자. 인터넷상의 관계보다 곁에 있는 친구들과의 시간을 더 소중하게 여기자.

나를
알지 못하는

사람의 비난은
무시할 것

미국의 토크쇼 〈지미 키멜 라이브 Jimmy Kimmel Live〉에서 가장 유명한 코너는 바로 'Celebrities Read Mean Tweets'로, 트위터에 네티즌이 남긴 악성 리플(악플)을 읽는 출연자들의 반응을 살피는 것이다. 난감한 표정을 짓는 사람도 있고 웃어넘기는 사람도 있지만, 화를 내는 사람은 없다. 아마 카메라가 돌고 있으니 대중 앞에 진짜 모습을 드러내지 않으려 했을 것이다.

집지사에서 논란의 중심에 있는 연예인들을 인터뷰할 때마다 마지막에 이렇게 묻고는 했다.

"악플에 어떻게 대처하시나요?"

삼인칭 시점으로 글을 들여다본다는 사람도 있었고, 그저 웃어넘긴다고 말하는 이도 있었다. 나름대로 산전수전 다 겪어 마음이 단단해진 그들의 말을 들으며 나도 삼인칭 시점에서 부정적인 평가를 쉽게 넘길 수 있을 거라고 생각했다. 하지만 트위터에 떠도는 내 책에 대한 비판과 "추천하고 싶지 않다"는 악플을 처음 읽었을 때 나는 잠을 이루지 못했다. 도대체 책의 어느 부분이 잘못되어서 그토록 실망했는지 곱씹느라 잠이 오지 않았다. 나는 그 연예인들만큼 이성적이지도 않았고, 부정적인 평가 앞에서 애써 태연한 척하지도 못했다. 내 진심을 담아 제안한 글이 누군가에게는 하등 필요 없다고 취급받았다는 사실이 여간 힘 빠지는 게 아니었다.

내 책을 읽어준 주변 친구들에게 물어보았다.

"내가 썼다고 생각하지 말고 솔직하게 말해줘. 내 책이 독자 입장에서 그렇게 형편없었어? 혹시 그런 부분이 있었다면 가감 없이 이야기해줘."

불안한 마음을 가득 담아 친구를 자꾸만 몰아붙였고, 그날 친구는 진심으로 나를 걱정해주고 위로했다. 친구는 낯모르는 이의 가시 돋힌 말들을 그대로 집어삼키지 말라고, 악플러들은 내가 신경을 쓰고 당황하는 모습을 기대하는 것이라고, 내가 혼란스러워하면 그들의 바람을 이루어주는 것이라는 조언을 건네주었다. 친구의 진심 어린 조언 덕분에 내 혼란은 차츰 잦아들었다.

낯모르는 이의 악플은 무시하는 게 정답이다. 건강한 비판은 수용해야겠지만 무조건적인 비난을 그대로 받아안을 의무는 우리에게 없다.

소셜미디어 시대에는 누구나 공인이 된다. 성인이라면 나를 향한 글이 내가 더 나아지기를 바라는 마음에서 쓴 것인지, 아니면 그저 귀에 거슬리게 하기 위해 던진 돌인지 구분할 줄 알아야 한다.

악플에 상처받아 잠을 이루지 못했던 그 며칠 동안, 나는 스스로의 잘못을 되짚어보다 못해 '앞으로는 글을 쓰지 말아야겠다'는 생각까지 하게 되었다. 하지만 친구의 조언을 듣고 마음을 고쳐먹었다. 내가 글을 쓰지 않는다면 가장 좋아할 사람은 그 낯모르는 악플러라는 데 생각이 미쳤기 때문이다.

곰곰이 생각하다 보니 마음이 한결 편안해졌다. 이런 일 때문에 글을 멈출 수는 없다. 내게는 사람들에게 전하고 싶은 말들이 아직 많이 남아 있기 때문이다. 이제는 악플을 만나도 그저 '이렇게 생각하는 사람도 있구나' 정도로 받아들인다.

욕심을 내려놓고 스스로 강인한 사람이 되고 싶다면 받아들일 준비를 해야만 한다. 바다가 한없이 넓은 이유는 수많은 강물을 받아안기 때문이다. 부정적인 평가 앞에 쓸모 있는 조언들은 받아들이고, 필요 없는 비난은 내려놓는 연습이 필요하다.

◇◇◇◇◇◇◇◇◇

온라인상 비난에 대처하는 법

유용한 비판은 받아들이고, 쓸모없는 비난은 무시하자. 모든 사람의 마음에 들 수는 없다는 사실을 잊지 말자.

'좋아요'에

연연하지
말 것

짙은 눈썹에 큰 눈이 매력적인 친구 R은 객관적으로 잘생긴 외모의 소유자다. 덕분에 그는 어디를 가든지 그를 따라다니는 눈길을 마주할 수 있다. 이는 SNS상에서도 마찬가지였다. 그는 이런 인기를 부담스러워했지만 동시에 남들의 선망하는 시선을 즐기기도 했다. 그 모습을 보니 랜선 친구들의 좋은 평가는 사람을 기분 좋게 만드는 흥분제가 될 수 있음을 알 수 있었다.

언젠가 카페에서 친구들과 만나기로 한 날, R이 난감한 패션으로 나타났다. 평소에 깔끔하게 입고 다니기를 즐기는 그였는데, 그날 옷은 패션위크에서나 볼 법한 의상이었다. 도대체 누가 R에게 이런 옷을 입고 번화가를 돌아다닐 용기를 준 것인지 궁금할 정도였다. 누구도 감히 안 어울린다는 말을 직접적으로 하지는 못하고 빙빙 돌렸다.

"그 옷 정말 독특하다. 어디서 났어?"

"근데 네가 평소 입던 옷 스타일이 아니지 않아?"

다행히 우리의 우려를 알아들은 R은 다음부터는 그 옷을 입고 다니지 않았다.

나중에 R의 SNS를 구경하다가, 그 옷을 입고 찍은 사진에 달린 댓글을 보게 되었다. "R 님은 옷 입는 센스가 정말 대단하시네요!" 같은 댓글이 잔뜩 달려 있었다. 그러니까 낯모르는 이들의 응원들이 친구에게 용기를 불어넣었던 것이다.

한번은 R이 갑자기 단백질 보충제를 쇼핑하고 피트니스 센터에 등록하더니 근육질 몸매를 만들겠다고 선언했다. 평소에는 가방조차 무겁다고 들지 않는 스타일인 그가 갑자기 운동이라니 의아했다. 이번에도 SNS 친구들의 활약이었다. R은 어깨를 살짝 드러내는 사진을 올렸더니 몸매에 대한 칭찬이 이어졌다고 했다. 그들의 기대에 부응하기 위해 피트니스 센터 등록을 결심했다는 R을 보며, 친구가 마치 리얼리티 쇼에 섭외된 주인공 같다는 생각이 들었다. 팬들이 언급하는 게임들을 무조건 해내야 하는 룰에 사로잡힌 주인공 말이다.

인기를 좇고 남들의 말에 휘둘리며 살다 보면 주체성을 잃어버린다. 훗날 인기가 거품처럼 사라질까 걱정하고, 관심을 잃을까 두려워진다. 스스로 생각하지 않고 마치 귀신에게 홀린 듯, 수동적으로 변모하게 된다.

주체성을 잃어버리는 순간 삶은 수동태로 변한다. 내가 원하는 삶이 아닌 남이 원하는 삶을 추구하게 된다.

소셜미디어에 중독된 사람들은 '좋아요' 숫자에 집착하고, 남들에게 보이는 자신의 삶을 중요하게 생각하게 된다. 물론 몸도 마음도 힘들 때 낯모르는 이에게 받는 '좋아요' 하나와 '힘내세요' 한마디가 살아가는 용기를 주기도 한다. 소셜미디어는 낯선 사람들과의 관계를 좁혀주었고, 이로 인해 '우리는 연결되어 있다'는 안도감을 선물해주었다. 그러나 동시에 이러한 관계가 세상의 전부 같은 착각을 불러일으키기도 쉽다. 그러다 보니 남에게 보이는 패션, 메이크업, 헤어스타일, 가방, 사진, 포즈, 인증샷 같은 것에 집착하게 되기도 한다. 무엇이든 자신이 좋아하는 것보다 남들의 눈에 좋아 보이는 것을 선택하는 것이다. 이런 관계에 지나치게 함몰되다 보면 R처럼 다른 사람을 위해 살아가게 될지도 모른다.

　남들이 원하는 대로 살아가다 보면 자연스럽게 어떤 것이 내 진짜 삶인지 혼란이 온다. 칭찬은 누군가의 느낌일 뿐이다. 그 사람의 눈에 좋아 보인다고 해서 나에게 좋으리라는 보장은 없다. 게다가 인터넷상의 친구는 나를 진짜로 안다고 말할 수 없다. 그들의 의견은 참고만 하는 편이 낫다. R은 가만히 있을 때도 스스로 반짝거리던 친구였는데, 자꾸만 SNS 친구들의 말에 흔들리다가 주관이 없는 사람이 되어버렸다. 그들의 말에 따라 움직이고, 그들이 입으라는 옷만 입는 R은 과연 스스로 행복하다고 생각할까?

인기를 좇아 남의 말에 신경쓰다 보면
주체성을 잃어버리게 된다

남들의 시선에 맞추어 사는 게 아니라 자신의 주관을 따라야 한다. 일반적으로 좋아 보이는 삶이 아니라, 나에게 잘 어울리는 삶을 추구하자.

숙제처럼 느껴지는
단톡방은

과감하게
빠져나올 것

친구 W가 생일 파티를 앞두고 메신저 단체창을 만들었다. 생일 주인공이 만든 단체창에는 파티 참석자들로 가득했다. 처음에는 그 단체창에 아는 이도 몇 있고 W와의 친분을 생각해서 편하게 대화를 나누었다. 그러나 회의를 마치고 돌아오면 채팅방에 읽지 않은 메시지가 100여 개씩 쌓여 있고, 나는 이야기의 진도를 따라가지 못했다.

　W의 생일 파티가 끝나고도 그 채팅방은 계속 이어졌다. 파티에서 분위기도 좋았고, 다들 술이 얼큰하게 취해 수많은 이야기를 나누며 잘 통한다 생각했기 때문에 누구도 채팅방을 닫아야 한다고 생각하지 않은 것 같았다. 비록 채팅방에서 이야기를

따라가지 못했지만 나에게도 다들 친절하게 대해주었다.

이제 채팅방에서는 수많은 이야기가 오고 갔다. 기쁜 일은 물론 슬픈 일까지 나누었고, 시시콜콜한 일상도 공유되었다. 회의가 끝나고 돌아오면 읽지 못한 메시지가 쌓이는 날이 계속 늘어났다. 바쁜 나머지 지나간 내용을 따라가지도 못했고, 말을 더 할 시간도 없었다. 나는 점차 이 채팅방에 지쳐가기 시작했다. 만남이 있으면 헤어짐도 있는 법이다. 친목 도모를 위해 만든 채팅창이지만 계속 이어가야 할 의무는 없다. 나처럼 침묵을 선택한 몇몇도 같은 생각인 것 같았다. 그 단체창을 빠져나와 마음 맞는 사람들끼리 새로운 창을 만들었고, 나도 몇 개의 단체창에 초대받았다. 아마 내가 모르는 더 많은 채팅창이 있는 게 분명했다.

모든 인연을 다 끌어안고 살 수는 없다. 스트레스를 주고받는 얕은 인연은 과감하게 정리하는 편이 낫다.

새로운 단체창에서도 나는 대화의 때를 놓치기 일쑤였다. 이미 무음으로 해놓은 단체창부터 새로 생긴 세 개의 단체창까지 '읽지 않은 메시지' 수백 개가 늘 나를 기다렸고, 이것들이 나에게 숙제처럼 느껴졌다. 결국 나는 "단체창이 너무 많아서 정신이 없다. 나는 이 방에서 나갈게"라는 말 한마디만 남기고 모든 단체창을 정리했다. 상한 머리카락을 잘라내듯 단체창들을 없애고 나니 마음 편하기가 이루 말할 수 없었다.

마음이 여린 사람은 자주 진퇴양난에 빠진다. 무심코 초대받은 단체창에 말을 하나 얹기도 어려우면서도 차마 빠져나가지도 못한다. 잘못했다가 괜히 뒷말을 듣지 않을까 두려우면서도 스트레스받는 인간관계를 내려놓지도 못한다. 그러나 관계의 결정권은 스스로 쥐고 있어야만 한다. 아무리 유용한 단체창이라고 해도 내가 그 안에서 스트레스받는다면 과감히 정리하는 편이 낫다.

이제 나는 인원수가 너무 많고 정서적 유대감이 없는 단체창의 초대는 전부 완곡하게 거절한다. 쉽게 만나기 어려운 사람들과의 단체창은 여전히 유지하며 정을 쌓고 있지만, 가십거리나 쓸데없는 수다로 채워진 메신저 창은 과감하게 정리한다. 의미도 없는 메시지들은 내 삶에 방해만 되기 때문이다. 이미 대화가 끊긴 채팅창을 비우고, 내 삶에 큰 의미를 주지 못하는 인간관계를 정리하고 나면 관계가 심플해지고 오히려 진짜 소중한 사람들에게 집중할 시간이 주어진다. 정말 내게 중요한 사람과 소중한 시간을 나누어야만 한다. 우리를 난처하게 만드는 일과 소중한 시간을 허비하는 단체창은 과감하게 정리해야 한다. 망설일수록 벗어나기 힘드니, '이건 아니다'라는 생각이 들 때 바로 창에서 빠져나오는 게 좋다.

많은 사람들이 관계를 과감하게 정리하지 못하고 지지부진하게 끌곤 한다. '그래도 아는 사이인데 어떻게'라는 생각이 과연 누구를 위하는 마음인지 잘 고민해보자. 헤어질 타이밍은 올 때까지 기다리는 것이 아니라, 스스로 만드는 것이다. 남을 신경 쓸 시간, 빈말을 나누어야 하는 시간을 정리하고, 진심으로 대화를 주고받는 관계, 스스로를 소중하게 여기는 시간에 집중하자.

◇◇◇◇◇◇◇◇◇

단톡방에서 빠져나와라

가십거리를 나누기 위한 단체창을 과감하게 정리하자. 너무 많은 무의미한 메시지는 삶의 에너지를 허비하게 만든다.

댓글과
인터넷 설전에

시간을
낭비하지 말 것

과거에 정보를 접하는 주요 통로는 텔레비전과 신문 매체였다. 그러다가 모두가 스마트폰을 사용하고 SNS를 활용하는 시대로 바뀌면서 사람들이 정보를 얻는 통로는 소셜미디어로 변화되었다. 나 또한 종이 신문을 읽던 습관에서 벗어나 이제는 페이스북 구독 기능으로 뉴스를 접한다. 매일 아침 커피 한 잔으로 머리를 깨우고, 아침 식사를 할 때마다 신문 사이트를 클릭해 주요 뉴스를 훑는다.

　과거의 정보를 접하는 방식과 오늘날 SNS로 뉴스를 읽는 방식의 가장 큰 차이점은 '댓글'이다. 사람들은 신문 보도를 읽고 자신이 느낀 점을 댓글로 적고, 생각이 다른 서로의 댓글에 반박하거나 옹호하며 적극적으로 의사를 표현한다. 나 또한 가끔씩 댓글을 단다. 한때는 네티즌들과 논쟁을 즐기며, 세상의 모든 불의한 일에 목소리를 내려 노력했다. 환경보호나 인권, 성차별, 따돌림, 동물권 같은 주제에 대해서는 반드시 목소리를 높였다. 또 가짜 뉴스를 전하는 미디어를 만났을 때도 참지 않았다. 썩 괜찮은 필력과 논리로 무장한 댓글을 달 때면 내 글에 '좋아요'가 늘어나는데, 그때마다 괜한 허영심에 빠지기도 했다.

어떤 댓글을 달아야 남들의 관심을 받을까. 인기 댓글을 남기고 싶다면 유머감각과 깊이를 동시에 담아야 한다. 지식이 풍부하고, 입장이 명확하며, 최신 트렌드도 놓치지 않고, 시간을 투자해 관련 자료와 증거도 수집해야 한다. 그 모든 재능을 활용해 작은 칸 안에 수정을 거듭한 문장을 빼곡하게 적고 신중하게 게시 버튼을 누른다. 댓글 알람이 올 때마다 내 논리에 반박하는 댓글을 논리로 깨부수기 위해 문장을 다듬고 또 다듬어 다시 댓글을 단다. 상대가 아무런 반박도 하지 못하면 그제야 그 전투는 끝이 난다.

문제는 그 누구인지도 모르는 사람들과 씨름하느라 정작 오전 내내 아무것도 하지 못하고 댓글을 달며 내 시간을 낭비하고 있었다는 사실이다. 심지어 일하는 시간에도 짬짬이 댓글을 다느라 일이 밀리는 사태까지 일어났다. 몇 가지 설전을 동시에 벌일 때는 내 생활 리듬이 엉망이 되기도 했다. 그제야 나는 인 터넷상에서 의견이 맞지 않는 사람과 비이성적인 글자 싸움을 하는 행위를 피하게 되었다.

한번은 이런 일이 있었다. 창작에 몰두하느라 집 밖으로 한 발자국도 나가지 않던 시기였다. 밥을 해 먹을 시간은 없고, 빵 만 먹는 데도 질렸던 차에 배달을 시켜야겠다는 생각이 들었다. 평소에 환경에 관심이 많은 나는 배달을 시키면서 식당에 일회 용 식기, 빨대, 비닐봉지를 보내지 말라고 부탁했다. 그 식당에 서 사흘 연속으로 배달을 시켰고, 그때마다 이를 언급했으나 해 당 식당은 매번 내 요구사항을 무시했다. 순간 감정이 격해진 나는 "한 끼 음식을 배달시켜 먹는데 그렇게 많은 비닐봉지와 일회용 식기가 필요할까?"라고 시작되는 글을 페이스북에 올렸 다. 내 글에는 짜증과 불만으로 가득했고, 호소의 메시지도 담 겨 있었다.

글을 적은 뒤에 배달받은 음식으로 식사를 하고 있었는데, 그 사이에 내 글이 수십 차례 공유되었음을 알았다. 내 글은 어떤 커뮤니티에서도 캡처되어 떠다녔는데, 그곳에서 나는 환경을 사랑하는 척하는 진상 손님으로 전락해 있었다. 댓글에는 비닐

봉지에 넣지 않고 배달하다가 음식물이 엎어지면 결국 곤란해지는 것은 배달 직원이라고 지적하고 있었다. 내 글이 점점 왜곡되어가는 것을 속절없이 바라볼 수밖에 없었다. 게다가 모든 댓글을 찬찬히 살펴보니, 내 글의 불합리함도 점차 드러나게 되었다. 친구 가운데 한 명은 나에게 이렇게 말했다.

"진짜 환경을 생각한다면 배달을 시키지 말아야지."

일단 내가 올렸던 게시물을 내린 뒤에 본래 의도를 설명했다. 낭비를 최소화하자는 취지로 쓴 글이었으나 언행이 적절치 않아 오해를 산 것 같다고, 배달하는 직원을 곤란하게 하기 위해 쓴 글은 아니었다고 해명했다.

사실 이 문제를 해결하는 제일 적절한 방법은 배달 업체에 직접 건의하는 것이었다. 내 기분만 생각하고 거침없이 SNS에 글을 남기는 바람에 문제의 본질만 흐트러졌다.

가시 돋친 말은 불필요한 구설수를 만들어내게 마련이다.

어니스트 헤밍웨이Ernest Hemingway 는 "사람은 말을 배우는 데 2년이 걸리지만, 침묵을 배우는 데는 평생이 걸린다"라고 말했다. 인터넷상에서 댓글 등으로 설전을 벌이는 일은 에너지만 낭비할 뿐이다. 공개적으로 발언하기 전에 자신이 해당 일에 대해 완전히 이해하고 있는지 확인해야 한다. 어쩌면 관점이 다를 뿐 정답은 없는 문제로 서로 혈전을 벌이고 있을지도 모른다. 해결 되지 않는 문제를 가지고 상대와 한 마디씩 주고받다 보면 서로 시간만 낭비하고 마음은 마음대로 상한다. 나와 다른 의견을 듣 는 것도 일종의 공부다. 상대의 의견을 경청하고, 내 의견을 전 달하며 생산적인 방향으로 나아간다면 대화이지만, 감정만으로 서로를 비난하고 화를 낸다면 그것은 그저 싸움일 뿐이다. 그리 고 그렇게 혈전을 벌여 이긴 말싸움에는 패자는 있어도 승자는 없다.

**이 세상에 당신의 댓글 하나쯤은
없어도 된다**

자극적인 말로 시간과 에너지를 허비하지 말자. 낯모르는 사람과의 쓸 데없는 혈전은 자신의 생활 리듬만 엉망으로 만들 뿐이다.

남들의
좋아 보이는 모습을

뒤쫓지
말 것

잠들기 전마다 친구들의 페이스북에 들어가 새로운 게시물을 확인한다. 정신없이 바쁜 하루가 끝나고 밤이 되었을 때 친구들이 잘 지내는 모습을 확인하면 마음이 안정되기 때문이다. 새 직장에서 잘 적응하고 있는지, 최근에는 어떤 재미있는 일을 하며 보내는지, 애인과 사이는 좋은지 등 친구들의 생활을 바라보는 것만으로도 행복한 기분이 든다.

물론 모든 게시글이 나를 행복하게 해주는 것은 아니다. 2년 전에 결혼한 한 친구는 자신이 받은 프러포즈부터 결혼반지, 약혼, 혼인신고, 웨딩 촬영, 결혼식 사진까지 결혼식의 모든 과정을 거의 보고하는 형식으로 매일같이 올렸다. 처음에는 그 사진들에 일일이 축하 메시지를 남기다가 할 말이 다 고갈되어 나중에는 하트 이모티콘만 눌러 읽었음을 티내는 정도에 그치게 되었다. 올린 글만 보아도 그가 어디서 웨딩드레스를 골랐는지, 결혼 음악은 어디에서 구했는지, 결혼식 답례품은 어느 업체를 예약했는지, 스튜디오 촬영은 어디를 선택했는지, 이벤트 기록 담당 직원의 명단까지 전부 알 수 있었다. 이 전 과정을 공개하는 친구는 기뻤을지 몰라도, 이를 바라보는 사람들은 말은 안 해도 다들 지치고 피곤했을 것이다.

며칠 전 친구는 볼록한 배 사진을 공개했다. 이제 임신했으니 아이 사진으로 페이스북을 도배할 것이 빤했다. 친구가 원하는 축복 메시지는 진작 고갈되었고, 이제는 '좋아요'를 누를 힘조차 남지 않았다. 나는 마치 리모컨이 고장 나는 바람에 채널을 돌릴 수 없는 텔레비전의 프로그램을 몇 년째 들여다보고 있는 것만 같은 기분이 들었다. 그렇다고 해서 친구에게 한마디하면 '남 좋은 꼴 못 보고 질투한다'는 말을 들을까 싶어 겁이 났다.

행복은 남들의 축복으로 얻어지지 않는다. 남들이 관심 가져주지 않는다고 해서 내 행복이 사라지는 것도 아니고, 남들이 축복해주지 않는다고 해서 내가 불행해지는 것도 아니다.

소셜미디어에 사생활을 공개할 때는 적절히 수위를 조절해야 한다. 엄격하게 말하면 본인 눈에야 자신의 식구가 예쁘고 멋져 보이는 것이지, 남들도 그렇게 생각하기는 쉽지 않다. 다만 친구로서, 지인으로서 잘 지내는 모습을 축복해주는 것뿐이다.

사진 몇 장으로 행복한 삶을 평가받으려 하지 말자. 게시물을 올려 칭찬과 부러움을 한 몸에 받고 싶어 하고, 자신이 이렇게 잘 지낸다는 사실을 다른 사람들이 몰라줄까 두려워하는 것은 삶을 행복하게 만드는 열쇠를 타인에게 쥐어주는 꼴이다. 독일 사람들은 프라이버시를 굉장히 중요하게 생각하며 결혼이나 출산 같은 중요한 순간도 가장 가까운 가족들하고만 기쁨을 나눈다고 한다. 남들이 자신의 행복을 알아주기를 바라며 SNS에 행복해 보이는 사진을 쉴 새 없이 게시하는 쪽과, 가까운 사람들과 감정을 나누는 것에 집중하는 쪽 가운데 누가 행복에 가까운지는 말하지 않아도 알 것이다.

남들에게 삶을 과시하고, 잘사는 사람들을 모방하다 보면 자꾸만 다른 사람과 나를 비교하게 된다. 계속 비교하다 보면 승부를 가리고 싶어진다. 남들의 좋아 보이는 것들을 뒤쫓으며 허덕이는 것보다는, 스스로 즐거움을 찾아 사는 편이 훨씬 더 낫다. SNS 속 꾸며놓은 자신이 아니라, 평범하게 주어지는 일상에

서 행복을 찾아야 한다. 가장 이상적인 모습은 누구에게도 방해
받지 않으면서 편안한 나날을 보내는 것이다.

◇◇◇◇◇◇◇◇◇◇

가상세계의 행복에
연연해하지 말자

소셜미디어에서 행복해 보이기 위해 너무 노력할 필요 없다. 정말 중요
한 것은 소셜미디어 속 내가 아니라, 현실의 내가 행복한지 여부다.

SNS에 모든 감정을 털어놓지 말 것

하루는 인터뷰에서 이런 질문을 받았다.

"1인 미디어를 하시잖아요, 1인 미디어의 장단점을 말씀해주실 수 있을까요?"

내가 생각하는 1인 미디어의 좋은 점과 나쁜 점은 모두 영향력에서 비롯된다. 글에도 무게가 실릴 수 있을 줄은 미처 몰랐다. 가끔은 내가 쓰는 글이 화면 건너편에 있는 낯선 사람이 바닥으로 떨어지지 않도록 붙잡아주기도 한다. 반대로 별 뜻 없이 적은 내 글이 이미 숨쉬기도 힘들어하는 사람의 어깨를 짓누르기도 한다. 이 때문에 내가 인터넷상에서 일으킨 작은 실수가 누군가에게 폐를 끼치지 않을지 늘 걱정한다. 이제는 온라인에서 나를 노출할 때마다, 내 글을 써서 공개할 때마다 내가 가진 영향력을 선하게 쓰기 위해 최선을 다한다. 최대한 신념에 의지해 글을 쓰며, 인터넷에 노출되는 내 생활에 허영이나 자만 등의 필터를 씌우지 않기 위해 최대한 노력한다.

한때는 나도 인터넷에 내 감정과 생각을 거리낌 없이 노출하기도 했다. 그것이 SNS 친구들과 친해지는 하나의 방법이라고 생각했기 때문이다. 한밤중 인스타그램에서 검은 바탕에 흰색 글씨로 스토리를 띄워 나의 연약한 면을 드러낸 적도 있다. 그러면 다음 날 응원의 메시지가 쏟아져 잠에서 깨기도 했다. 처음에는 희로애락의 공감을 얻는 그 따뜻함이 너무 좋았다. 그러나 점점 SNS 속 내 상황과 지금의 내가 다름을 느꼈다. 자기 전에는 분명 스토리 속 그 마음이었지만, 자고 일어난 뒤의 나는 이미 생각을 어느 정도 정리한 뒤였기 때문이다. 눈곱도 떼지 못한 채 나를 걱정해주는 사람들에게 일일이 답장을 보내면서 '이건 무언가 잘못되었다'라는 생각이 들었다.

"윌리엄, 무슨 일 있어요?"

"아니에요, 별일 없어요. 그냥 생각나서 써본 거예요."

상대는 내가 힘든데도 아무렇지 않은 척하는 것으로 생각해 계속 안부 메시지를 보내왔다. 나의 부정적인 감정이 어디에서 온 것인지 재차 확인하고, 도움을 주고 싶어 안달이 나 있는 것 같았다.

"정말 괜찮은 거 맞죠?"

몇 차례 같은 질문을 받던 내가 참지 못하고 한마디 쏘아붙였다.

"정말 아무 일도 없다니까요. 그만 좀 물어보세요."

흠칫 놀란 상대는 서둘러 사과했다. 그 사과를 받으며 내가 큰 실수를 했음을 깨달았다. 우리의 대화가 어떻게 마무리되었는지는 잘 기억나지 않지만, 이후에는 말투를 부드럽게 바꾸어 상대에게 메시지를 보내려 노력했다. 나의 갑작스러운 급발진에 그가 얼마나 놀랐을지 상상이 가 미안한 마음이 들었다.

이후 상대와는 자연스럽게 멀어졌다. 나의 SNS에 꾸준히 들어와 '좋아요'를 눌러주던 열혈 독자였는데 말이다. 덕분에 내 미세한 감정의 변화조차 남들에게 영향을 끼친다는 사실을 깨달았다. 많은 이들의 관심을 받는다는 것은 행복한 일이지만, 그 관심들이 나를 이른바 '관심병 환자'로 만드는 것도 사실이다. 그 일이 있고 난 뒤로 나는 부정적인 감정을 표현할 때는 좀 더 신중하게 표현하게 되었다.

SNS에 자신의 감정, 특히 부정적인 감정을 표현할 때는 각별하게 신경 쓸 필요가 있다. 남들은 그 글 하나만으로 당신을 평가해버리기 때문이다.

친구 Y에게 이 일에 관해 이야기하며 고민을 털어놓았다. Y는 담담하게 대답했다.

"네 마음속에 있는 말을 굳이 다 꺼낼 필요는 없어."

친구의 말이 맞다. 누구도 내게 일거수일투족을 다 노출하라고 말한 적이 없었다. 그럼에도 나는 내 감정들을 전부 털어놓고, 거기에다가 위로를 구걸했던 것은 아닐까. 관심을 바라는 글을 써놓고 막상 사람들이 나를 걱정하자 당황해하며 밖으로 밀어내기 바빴다. 상대를 곤란하게 만든 것도 모르고, 내 규칙에 맞지 않는 위로라 여겨 상대에게 면박을 주었다.

SNS에 일상의 괴로움과 즐거움을 드러내는 것은 좋다. 다만 그 감정을 전부 꺼낼 필요는 없다. 정말 좋지 않은 일이 생겼다면 SNS에 장문의 글을 쓰는 것보다, 당신을 가장 잘 이해해줄 수 있는 지인을 만나 속마음을 털어놓는 편이 더 효과적일지도 모른다.

우리는 현실 세계에서 말하기 힘든 일을 겪고 약해질 대로 약해진 상태일 때 가상 세계로 들어가 위로를 바란다. 나 역시 SNS를 하는 사람으로서 그 효과를 모르는 것은 아니다. 포스팅을 올려 남들의 관심을 받는 것만으로도 위로받는 순간이 분명 존재한다. 다만 그 횟수가 너무 잦아서는 안 된다는 말이다. 위로도, 동정도 많아야 한두 번이다. 이후로는 당신에게 '징징대는 사람'이라는 꼬리표가 붙을지도 모른다. 나중에는 아무리 급박한 구조 요청 메시지를 띄워도 원하는 반응을 얻지 못할 수도 있다. 그때 느끼는 좌절감은 지금의 외로움보다 훨씬 더 쓰라리고 아플 것이다. 온 세상에 버림받은 듯한 기분, 캄캄한 블랙홀에 빠져버린 기분, 마음이 너덜너덜해진 기분이 무섭게 당신을 집어삼키고 말 것이다.

**SNS에 나의 감정을 표현할 때는
각별히 신경써야 한다**

우울한 감정을 담은 글들은 쉽게 오해를 산다. 우울을 해결해줄 유일한 방법은 자신의 상황을 잘 이해해주는 사람과 대화하는 것이다.

Chapter

5

내가
나로

살아가기
위한
관계 원칙

자신에
관하여

우리는 주변 사람, 일, 사물 등을 통해 자신의 존재를 느낀다. 그러다 보니 종종 내가 아닌 주변 사람, 일, 사물에 끌려가는 경우가 생긴다. 누군가를 잃었을 때, 일에서 인정받지 못했을 때, 무언가를 얻지 못했을 때 스스로 실패했다고 느끼기도 한다.

그러나 이렇게 주변에 흔들리는 것은 건강한 삶의 태도가 아니다. 세상에 영향을 받을 게 아니라, 스스로 단단해져야 한다. '내가 좋아야 세상도 좋아진다'고 믿고, 스스로 세상의 중심이 되어야 한다.

무엇보다
나에게

좋은 사람이
될 것

한밤중에 배가 아파 식은땀을 흘리며 몸을 일으켰다. 반복되는 구토와 설사에 제대로 누워 있을 수조차 없었다. 갑자기 눈앞이 캄캄해지더니 하마터면 바닥으로 고꾸라질 뻔했다. 간신히 몸을 일으켜 주방에서 물 한잔을 따라 위장약과 함께 삼켰다. 늦은 시간이라 자고 있는 룸메이트를 깨우고 싶지 않아서, 혼자 소파에 누워 몸이 좀 나아질 때까지 웅크리고 기다렸다. 조금 몸이 진정된 기미를 보이기에 얼른 외투를 챙겨 입고 택시를 잡아 근처에 있는 병원 응급실로 향했다. 새벽 5시였다.

응급실에 도착하자마자 간단한 몇 가지 검사를 진행했다. 의사는 내 가슴에 청진기를 대고 이런저런 소리를 들어보더니 어디가 제일 불편한지 물었다. 아랫배 통증이 심하다고 했더니 우선 병상에 누워 링거를 맞으며 기다리고 있으라고 했다. 온몸에 힘이 빠져 창백해진 내 모습을 본 간호사가 물었다.

"가족은 같이 안 오셨어요? 세균성 감염 가능성도 있어서 입원하고 지켜보아야 할 수도 있거든요."

"저 혼자 왔어요."

나는 힘겹게 대답했다.

너무 바쁜 스케줄 때문에 몸이 축난 게 분명했다. 당시에 나는 병상에 누워서도 마음 편하게 눈을 붙일 수 없었다. 일정표에는 곧 다가오는 오전 9시부터 밤 9시까지 해야 할 일들이 빽빽하게 기록되어 있었다. 오전부터 밤까지 꽉 찬 스케줄이 걱정스러웠지만 몸이 좋지 않으니 방법이 없었다. 우선 일을 뒤로 미루어야 할 것 같다고, 지금으로서는 도저히 일할 수 없으니 양해를 부탁한다는 내용의 메시지를 담당자들에게 보내놓고는 휴대전화를 끄고 깊은 잠에 빠졌다.

한참 잠에 빠져 있다가 눈을 뜨니 어느새 오후였다. 간호사가 다행히 바이러스성 장염은 아니라고, 이제 퇴원해도 좋다는 소식을 전했다. 퇴원하자마자 휴대전화를 켰다. 쌓여 있던 메시지들을 확인할 새도 없이 여기저기서 연락이 쏟아져 들어왔다.

진료 대기실에 앉아 일일이 메시지에 답장을 보낸 다음, 서둘러 집으로 돌아가 컴퓨터를 켜고 못다 한 일을 처리했다.

끊어질 듯한 배를 부여잡고 응급실로 향하던 지난밤과 퇴원하고서도 다시 일에 빠져 허우적대던 오늘 하루를 되돌아보았다. 모든 일을 잘하고 싶었던 마음이 앞서다 보니 미처 몸을 돌보지 못한 것 같았다. 피곤함에 절어 수염마저 덥수룩해진 거울 속 내 모습이 처량해 보였다. 도대체 무슨 부귀영화를 누리겠다고 나 자신을 이렇게까지 혹사시키는지 모르겠다는 데 생각이 미쳤다.

하루는 한정되어 있고, 내가 소화해야 할 역할이 너무 많았다. 한번은 한 연예인을 스타일링해주는 업무를 진행하는 날이었다. 연예인 집에 방문해 여러 가지 옷들과 가방을 늘어놓고 그날 콘셉트에 어울리는 스타일을 선정하고 있었다. 마침 내 책 신간 홍보 기간과 맞물리는 바람에 정신 없이 관련 메시지가 쏟아졌다. 덕분에 두 가지 일을 동시에 진행하느라 상대 연예인이 하는 말의 디테일을 놓치고 적당히 대답하는 우를 범했다. 내 반응이 평소와 다른 것을 포착한 상대가 먼저 물었다.

"윌리엄, 요즘 너무 바쁜 거 아니에요?"

얼른 휴대전화를 한쪽으로 치우며 대답했다.

"정말 죄송해요. 할 일은 많은데 시간이 부족해서 그만."

진정으로 나를 위할 수 있는 사람은 나 자신이다.

한때 할리우드에서 가장 높은 몸값을 자랑하던 배우 르네 젤위거Renee Zellweger는 14년 동안 스물네 편의 영화를 찍었다고 한다. 흔히 말하는 '물 들어올 때 노 저어야 한다'는 말에 충실했던 그는, 다작한 만큼 연기의 질이 확연히 떨어졌다. 결국 대중의 사랑을 한 몸에 받던 그 배우는 흥행 실패 배우로 전락했고, 연이은 슬럼프에 빠지고 말았다. 그의 친구 셀마 헤이엑Salma Hayek은 그에게 이렇게 말했다고 한다.

"플라스틱이 아니고서야 장미가 1년 내내 꽃을 피울 수 없어."

이후 젤위거는 6년의 공백기를 가졌다. 에너지를 비축한 뒤에 돌아와 찍은 작품 〈주디 Judy〉로 오스카 여우주연상을 거머쥐었다. 이 사례는 누구에게나 스스로에게 제동을 걸어야 할 때가 있음을 보여준다. 사람은 기계가 아니다. 아니, 기계조차 중간중간 기름칠을 해주기 위해 휴식을 가진다. 기계마저 이런데 사람은 오죽할까. 적당히 쉬어주며 삶에 제동을 걸어야 한다.

내가 왜 그토록 열심히 일했는지 돌아보면 불안 때문이 아니었을까 싶다. 수입이 없는 날들을 겪어보았기 때문에, 일이 없으면 한껏 불안해졌다. 결국 일단 일이 들어오면 대부분 거절하지 않고 받게 되었다. 시간이 허락하는 한 적든 많든 돈을 벌기 위해 노력했다. 결국 너무 무리한 나머지 몸은 망가지고 면역체계에 문제가 생겨 툭하면 여기저기 크게 아팠다. 하루는 움직일 힘조차 남아 있지 않아 침대 위에 앓아누웠다. 그때 나는 만약 지금처럼 몸을 혹사시키다가 건강을 잃는 날이 오면, 어떤 일을 걱정하게 되고 또 어떤 일을 후회하게 될지 떠올려보았다. 분명한 점은, 지금처럼 스스로를 담금질하던 시기를 자랑스러워할 것 같지는 않다는 것이었다.

이제는 정신없이 바빠지면 일부로 속도를 조절하기 위해 노력한다. 일이 가져올 효과를 하나하나 분석하며 어떤 방식이 이상적인지 시간을 들여 천천히 생각해본다. 바쁘고 초조할 때 내린 결정일수록 나중에 후회할 확률이 높기 때문이다.

물론 일을 열심히 해야 하는 시기도 있다. 열심히 일할수록 주어진 조건을 좀더 좋게 바꿀 수 있고, 더 좋은 것을 선택할 여건이 주어진다. 기회가 많아지면 미래에 도움이 될 만한 일을 추릴 능력도 생긴다. 그때는 더는 기본적인 생존 문제를 고민하지 않아도 된다. 그러나 일도 체력과 건강이 받쳐주어야 하는 것이다. 시간은 나를 기다려주지 않는다. 게다가 동시에 여러 가지 일을 하다 보면 몸뿐 아니라 마음도 망가지기 쉽다.

　할 수 있는 일과 하지 못하는 일을 취사선택하고, 불필요한 모임을 줄이며, 남을 위해 쓰던 에너지를 자신에게 옮겨보자. 스스로를 위해 무엇을 남겨야 좋을지 생각해보자. **나는 창작을 선택했다.** 창작은 나를 비워내면서 끊임없이 새로운 생활로 채우는 선순환을 만들기 때문이다. 당신도 당신을 소비하는 게 아닌 채워주는 그 무언가를 찾기 위해서 노력하기 바란다.

진정으로 나를 위한 것이 무엇일까

백발이 성성한 당신이 지난 인생을 돌아보았을 때 어떤 장면들이 스쳐 지나가기를 원하는가? 지금부터 그 장면을 위해 살아보자.

휴대폰을 끄고

혼자만의 시간을 가질 것

이제 막 대학을 졸업한 사회 초년생이 여유를 가지기란 쉽지 않다. 당시에 나는 늘 신경이 곤두서 있었고, 집에 돌아와서도 좀처럼 풀어질 줄 몰랐다. 어느새 나는 상시 대비 태세를 취하는 군기 바짝 든 신입사원이 되어 있었다. 휴대전화를 늘 켜두고, 벨소리 음량을 최대로 설정해두고 살았다.

　내가 선택한 일은 늘 예기치 못한 사건의 연속이었고, 매일 글을 써도 또 써야 할 글들이 끝도 없이 이어졌다. 담당자로서 크고 작은 회의를 주관하면서 한시도 긴장을 늦추지 못했다. 덕분에 가족들과 명절에 함께 식사하면서도 한쪽 손에는 휴대전화를 들고 있었다. 끊임없이 쏟아지는 메시지를 확인하는 내가 마치 일이라는 새장에 갇힌 새처럼 느껴졌다. 책임이 족쇄 같았다. 발버둥을 칠수록 힘이 빠지고 어깨를 짓누르는 무게 때문에 스스로 궁지에 갇힌 기분이었다.

　이대로는 정말 안 될 것 같아서 장기 휴가를 신청했다. 지친 마음을 달래기 위해 친구들과 함께 여행 계획도 세웠다. 해외여행을 가기로 하고, 사전에 꼭 먹어야 할 음식과 가야 할 장소를 물색했다. 인터넷에서 평점이 좋은 레스토랑을 사전에 예약하고, 테이블에 올라온 음식들을 예쁘게 배열해놓고 빠짐없이 사진으로 남겼다. 친구들과 포크와 나이프를 들고 한껏 다양한 표정을 지으며 순간을 만끽했다. 가는 곳마다 사진을 남겼고, 찍힌 사진에 모두가 만족하고 난 다음에야 다음 장소로 이동했다. 하지만 이런 여행의 즐거움은 잠깐뿐이었다. 휴가가 끝나고 다시 출근한 다음에는 넋이 나간 채 머릿속에 온통 퇴사 생각으로 가득해졌다. 초심은 온데간데없었다.

　무리를 지어 함께 여행간 것이 문제였나 싶어서 나중에는 혼자 떠나기 시작했다. 어수선함에서 멀어지기 위한 선택이었지만, 변한 것은 없었다. 편안히 즐겨야 하는 순간에 여행을 기록하느라 정신없었고, 지금의 내 상황을 과시하기 위해 페이스북에 사진을 올리느라 바빴다. 여행 중에도 소셜미디어를 끊지 못하고, 여유를 즐기는 나 자신을 포장하고 있었다. 그렇게 또 고 갈되는 여행을 다녀와서는 일에 치이다가 몸만 축났다.

결국 워크홀릭을 고치러 갔다가 소셜홀릭을 만난 것이었다. 방해받지 말아야 할 휴식의 순간에도 휴대전화를 내려놓지 못 했다. 그제야 비로소 일에서뿐 아니라 소셜미디어에서도 휴식 기를 가져야 한다는 사실을 깨달았다. 나중에는 휴식 때만큼은 전화기를 꺼두고 쉬는 데 집중할 수 있게 되었다. 정말 급한 일 은 어떻게 해서든 연락이 오게 되어 있다. 게다가 소셜미디어는 판도라의 상자와 같아서, 한번 열면 방해요소가 꼬리에 꼬리를 물고 이어진다. 잠깐 검색하려고 휴대전화를 열었다가 두세 시 간이 훌쩍 지나간 경험이 누구에게나 있을 것이다.

지나치게 많은 메시지는 마음의 부담이 된다. 정보 불안은 현대인 의 정신 질환이다. 알람을 끄고 휴대전화를 내려놓고 휴식에만 집 중하자. 그래야 내가 먼저 필요한 정보를 찾도록 주도권을 되찾아 올 수 있다.

쉬기 위해 여행에 갔다면 휴대전화를 내려놓고 주변 풍경에 집중해야 한다. 그 순간 내 발은 보드라운 흙을 밟고 있었고, 따뜻한 음식 냄새가 코를 자극하고, 혼잡한 외국 거리에서 낯선 사람들과 어우러져 길을 걸었다. 소셜미디어에 사진을 올리지 않는 게 단절이 아니라, 눈앞에 펼쳐진 이 활력 넘치는 순간들을 놓치는 것이야말로 세상과 단절하는 것이나 마찬가지였다.

베트남 호찌민을 처음 방문했을 때였다. 친구는 현지에 소매치기가 많으니 절대 길거리에서 휴대전화를 사용하지 말라고 신신당부했다. 처음에는 대수롭지 않게 여겼는데, 오토바이를 탄 소매치기가 내 앞에 있던 백인 관광객의 핸드백을 낚아채 가는 모습을 마주하고는 절대 길에서 휴대전화에 눈길을 주지 않았다. 길을 모르면 지나가는 사람들에게 물어보고, 안전한 장소가 아니면 휴대전화를 꺼내지 않았다. 덕분에 주변을 둘러보며 즐길 시간을 많이 확보할 수 있었다. 누군가에게 나의 소재를 알릴 필요도 없고, 눈길 빼앗길 휴대전화도 들고 있지 않으니 걸음이 새삼 새로웠다. 오랜만에 방해받지 않는 평온함을 느꼈다. 이것이 바로 내가 바라던 휴식이었다.

몸이 피곤하다면 바로 휴식을 취해야 한다. 이는 매우 정상적인 생리적 반응이다. 그런데 휴식할 때조차 마음을 피곤하게 하는 일을 생각하고, 휴대전화를 손에 놓지 못하며 심리적으로 자신을 괴롭히는 경우를 자주 마주하게 된다. 고독이 두려워서 꼭 쥐고 있는 대인관계는 오히려 우리를 구속시킨다. 홀로 있지 않으면 진정한 휴식을 취할 수 없다. 마음이 고요해져야 비로소 평안해진다.

인생은 여행이다. 주어진 한정된 시간을 열차에 앉아 옆 사람하고만 이야기한다면 창밖에 펼쳐진 아름다운 풍광을 즐기기 어렵다. 가끔은 창밖도 즐기고, 혼자 기차에서 내려 쉬었다 가기도 해야 한다. 현재에 집중하면 오히려 더 많은 것을 얻을 수 있다.

◇◇◇◇◇◇◇◇◇

종종 휴대전화를 *끄고*
휴식을 취해보자

마음이 지쳤을 때는 모든 것을 내려놓고 긴 휴가로 지친 마음을 달래야 한다.

누구의
인생이든

굴곡이 있음을
알 것

언젠가 대학생 시절에 자주 들렀던 서점으로 향했다. 당시 타이베이의 기온은 30도까지 올랐고, 나는 조카에게 줄 참고서 몇 권과 선물을 한 보따리 들고 거리를 거닐고 있었다. 온몸에서 땀이 비 오듯 쏟아졌다. 정신없이 걷다가 어느새 낯익은 건물이 눈에 들어왔다. 대학교 4학년 때 다니던 학원 건물 앞이었다. 그곳에는 '영업 종료' 안내문이 여럿 붙어 있었다.

　그곳에는 나의 인생이 녹아 있었다. 대학교 4학년 여름에는 졸업 후 진로를 고민하느라 마음속이 복잡하던 때였다. 대학 생활 후반부를 생각하면 아직도 그때의 무력감이 떠오른다. 전공이던 디자인을 과감히 포기하고, 이 건물에 있던 학원에 수강 등록을 했다. 이듬해 방송학과 대학원 입학을 목표로 두었다.

그 시절 우리 집 형편은 말도 못했다. 2학년 2학기 때였다. 몇 년 사이에 아버지의 해외 사업이 실패하고 수년간 흘렸던 피땀이 물거품으로 변했다. 설상가상으로 아버지가 운영하시던 공장에 불이 났다. 다행히 인명피해는 없었지만, 우리는 가진 재산을 대부분 잃었다. 형은 한밤중에 전화를 걸어 "당분간 집에서는 너에게 도움을 줄 수 없으니 스스로 잘하고 있어야 한다"는 말을 건네었다. 낙심으로 가득한 형의 목소리. 형은 짬을 내어 집에 한번 들르라고 하며 전화를 끊었다.

급격히 기울어진 가세를 빤히 아는데 계속 디자인을 고집하기에는 무리가 있었다. 수많은 소모품과 비싼 재료를 감당해야 하는 지출이 큰 수업도 잦았기 때문이다. 내가 좋아하던 촬영 수업에는 스스로 작품을 완성해 제출해야 하는 과제가 있었다. 나는 고심하다가 친구에게 카메라를 빌려 작품을 마무리할 수 있었다. 같은 친구에게 계속 대여를 부탁했더니 "아, 귀찮아. 너도 그냥 하나 사"라는 말이 돌아왔다. 그 친구에게 차마 카메라 살 돈이 없다고 말하지는 못했다.

삶의 막막함이 매순간 느껴지는 듯했다. 나는 그저 자고, 또 잤다. 이렇게 계속 자다가 깨어나면 세상이 완전히 달라져 있기를 바라면서 말이다. 안타깝게도 그런 일은 일어나지 않았다. 계속 자느라 학업도 엉망이었고, 괴로움과 열등감 때문에 학교에 가고 싶지도 않았다. 그런 식으로 계속해서 스스로를 방임했고 악순환에 악순환이 이어졌다. 나는 출구를 찾지 못한 채, 날카로운 가시를 세워 사람들에게 방어적으로 굴었고, 이 때문에 늘 붙어 다니던 친구들도 하나둘 곁을 떠나기 시작했다. 결국 혼자 남은 나는 극심한 고독감에 시달렸다.

얼마나 방구석에 처박혀 지냈을까, 며칠을 외면하던 휴대전화를 들여다보니 나를 걱정하는 가족과 친한 친구들의 메시지가 여럿 와 있었다. 그제야 이대로 무너지면 안 된다는 생각이 들었다. 대학 시절의 마지막 여름방학, 나는 새로운 결심을 했고, 학교 근처의 원룸을 떠나 새로운 도시로 이사했다. 새 집은 옥탑에 위치한 집으로 베란다에 서면 탁 트인 산을 마주 볼 수 있었다. 베란다에 기대어 별이 총총한 밤하늘을 올려다보니 불현듯 내가 정말 어른이 되었다는 생각이 들었다. 나는 변화가 좋아지기 시작했다. 변화해야만 원래 닿을 수 없었던 미래에 가까이 다가갈 수 있기 때문이다.

다음 날 일찍 일어나 일출을 구경했다. 이제 무질서해진 생활을 하나하나 회복시키겠다고 결심했다. 새로운 환경에서 다시 시작하니, 힘들었던 과거가 다 옛일이 된 것 같았다.

어쩌면 가족에게서 아무런 지원도 받지 못하는 상태였기에 스스로 나아갈 수밖에 없었는지도 모르겠다. 모든 근심 걱정의 늪에 빠져 있을 바에야 조금이라도 움직여서 상황을 바꾸기 위해 노력하는 편이 낫다고 생각했다. 그때 내가 바꾼 가장 큰 변화는 바로 마음가짐이었다.

좌절하고 무너져 있는 것은 아무런 도움이 되지 않는다. 무기력이 오래되면 10년, 20년 뒤의 나에게까지 영향이 미친다. 이때 마음을 제대로 다잡은 덕분에 후에 직장생활을 하면서 좌절을 맛보았을 때도 부정적인 감정이 오래가지 않도록 스스로를 다스리고 문제를 해결할 방법을 찬찬히 고민해볼 줄 알게 되었다. 그때의 내가 미래의 나에게 준 선물이 아니었나 싶다.

지금의 내가 힘들었던 그때의 나를 만난다면, 어둠 속에 숨어 있는 나에게 살며시 다가가 더는 두려워하지 말라고 말해주고 싶다. 그때의 나는 고집스럽게 지금의 나를 밀어내겠지만, 누군가가 손을 내밀어주기를 간절히 기다리고 있었음을 잘 안다. 그리고 두려움과 고난이 없었다면 지금처럼 내가 용감해질 수 없었으리라는 사실을 안다.

누구의 인생이든 굴곡은 있다. 거대한 상실감 앞에서는 누구나 좌절하는 법이다. 그러나 좌절만 들여다본다면 우리 곁에 있는 소중한 사람들과 내가 가진 유익한 것들을 하찮게 여기게 된다. 나를 믿고 지지해주는 그들을 꼭 붙잡자. 분명 이전에는 느끼지 못했던 안도감을 얻게 될 것이다.

변화는 태도에서 온다

누구나 실패를 겪는다. 똑같은 실수만 반복하지 않으면 될 뿐이다. 먼저 실패를 인정한 후 실패가 주는 교훈이 무엇인지 곰곰이 따져보자.

일이
나를

정의하지 않음을
기억할 것

자신의 거취를 스스로 결정하고 회사를 나서는 것을 '자발적 퇴사'라고 한다. 해고당하거나 면직되거나 권고사직을 당하는 경우는 '비자발적 퇴사'라고 부른다. 이는 완곡한 표현이고, 쉽게 말해 그냥 잘린 것이다. 해고당한 기분을 나도 잘 안다. 나도 해고를 당해본 적 있다. 그 기분을 무엇으로 표현할 수 있을까. 마치 물건이 팔렸다가 다시 반품되어 돌아온 것과 비슷하다. 나는 깨끗한 종이 상태였는데, 누군가 나를 마구 구겨버린 뒤에 쓰레기통에 던져버린 것 같다. 어떤 회사는 퇴사하는 사람을 쓰레기처럼 문밖으로 내던지고는 다시 한 번 발로 뻥 차버리기도 한다.

원래 패기 넘치던 나였지만, 폐기물처럼 버려지고 난 뒤에는 마음에 어두운 그늘이 드리워졌다. 마치 깊은 어둠 속으로 빠진 것만 같고, 다시 새로운 일을 찾았음에도 그때를 생각하면 다시 마음에 스산함이 몰려오고, 조마조마한 마음이 들며 점차 어두워졌다. 그때만 해도 이런 게 '상처'라고 인식하지 못했다.

처음 해고당했을 때는 모함 때문이었다. 함께 일하는 사람이 사적으로 나눈 대화를 공개하는 바람에 해고를 당했다. 새로 입사한 상사가 내 자리에 자신이 원하는 이를 들이고 싶어서 갖은 방법으로 나를 괴롭힌 다음에 나가게끔 종용했다.

그 다음에 겪은 퇴사는 정말 힘들었다. 늘 적극적으로 열심히 일한 회사였는데, 누군가 나에게 누명을 씌웠다. 비록 시시비비를 가려 누명에서 벗어났지만 이미 상사와의 신뢰관계는 깨진 상태였다. 이후 출근하는 게 두려워졌고, 상사는 걸핏하면 나에게 압박을 가했다.

내가 미처 다 소화하지도 못할 작업량을 계속 던져주고, 해내지 못하면 인격적으로 모욕했다. 이러다가 일자리를 잃을지도 모른다는 두려움이 계속 몰려왔고, 나는 밤잠을 제대로 이루지 못했다. 날이 밝으면 정시 출근을 해야 하지만 도통 잠이 오지 않았다. 뜬 눈으로 밤을 새고 출근하는 일이 잦아졌다. 과도 한 불안으로 점점 몸에 무리가 왔고, 나중에는 과민성 대장증후 군까지 생겨 석 달 만에 7킬로그램이 빠졌다. 그쯤 되니 이러다 가 죽는 게 아닌가 싶어 두려워졌다.

건강을 회복하기 위해 회사에 무급 휴직을 신청했지만 단번 에 거절당했다. 그러고는 조직개편을 핑계로 나를 해고해버렸 다. 심지어 해고는 전화로 이루어졌는데, 상사는 다른 책임자와 함께 내린 결정이니 받아들이라고 이야기했다. 항의하는 내게 그는 사람 좀 귀찮게 하지 말고 주제 파악 좀 하라고 폭언을 건 네었다.

해고가 주는 충격은 실연보다 더 큰 것 같았다. 연거푸 몇 번 퇴사를 경험하니 그 어떤 외상보다 크게 왔다. 내 능력이 부족 해서 그렇게 된 것일지도 모른다. 그러나 능력은 훈련을 통해 부족한 부분을 채우면 되는 문제다. 시간과 노력을 들여 나에게 맞는 방향을 계속해서 모색할 기회를 받지 못하고 퇴사라는 선 택지를 억지로 받아들여야 했다. 그로 인해 얻은 심리적 외상은 쉽게 치유되지 않았다.

처음 퇴사하고 한 달 동안은 누구하고도 연락하고 지내지 않 았다. 온갖 나쁜 생각으로 가득했고, 집 밖으로 나가지도 않았 다. 어쩌다 걸려온 어머니 전화에 나는 참지 못하고 통곡하고 말았다.

"저 정말 열심히 일했는데 어쩌다 이런 결과를 받았을까요? 왜죠?"

연애 때문에 상처를 입으면 '다시는 사랑 따위는 믿지 않고 평생 혼자 살겠다'고 말할 수 있겠지만 일은 다르다. 일 때문에 상처받았다고 해서 '다시는 일 따위 하지 않고 평생 집에서 놀고먹겠다'고 말할 수 없다. 현실과 경제적 압박이 우리를 그렇게 내버려두지 않기 때문이다.

그때 왜 그토록 크게 상처받았는지 생각해보았다. 사회에 발을 디딘 이후에는 시간과 에너지의 대부분을 일에 쏟아붓고 살았다. 그러다 보니 일이 곧 나이고, 내가 곧 일인 상황이 되었던 게 아닌가 싶다. 그런 일에서 받은 상처이니 쉽게 치유되기 힘들었던 것이다. 하지만 시간이 흐르고 곧 나와 잘 맞는 괜찮은 직장을 얻으면서 서서히 그때 그 트라우마에서 벗어날 수 있게 되었다.

또한 주변 사람들의 따뜻한 사랑과 격려, 내가 좋아하는 일을 계속할 수 있다는 기대와 즐거움이 다시 회복하는 에너지가 되어주었다. 잠깐의 좌절이 지나고 새 직장에 입사한 뒤 1년이 지났을 때 나는 관리자로 승진해 비교적 높은 자리에 앉는 영광을 누렸다.

그 회사에서 나름의 경력을 쌓은 뒤에 다시 퇴사했다. 이번에도 비자발적 퇴사였지만, 이제는 이 일이 아니라도, 심지어 직장에 소속되지 않아도 나는 언제든 다시 일어설 수 있음을 알기에 이번만큼은 마음이 평온했다.

일은 당신의 능력을 증명하지만, 당신이 어떤 사람인지는 일로 정의 내릴 수 없다. 당신의 진짜 모습은 일이 아닌 삶에서 나온다.

종종 주변에 직장 때문에 괴로워하면서도 차마 퇴사할 엄두도 내지 못하거나, 비자발적으로 퇴사한 뒤에 온 세상을 잃은 듯 패닉에서 빠져나오지 못하는 사람들을 만난다. 이런 이들은 대부분 다른 사람의 시선과 평가에 너무 많은 의미를 둔다. 자신이 즐거운지, 자신이 어떤 환경에 처해 있는지보다 남들의 눈에 더 많은 신경이 가 있는 것이다.

물론 성공하든 실패하든 상관없이 주어진 일에 최선을 다하는 모습에 박수를 쳐줄 만하다. 일도 삶에서 큰 의미를 차지한다. 그러나 삶을 온전히 일에 사용해서는 안 된다. 일은 언젠가 은퇴하겠지만, 삶은 계속되기 때문이다. 우리가 좀더 인간답게 삶을 영위하려면 일 외에도 챙겨야 할 것들이 존재한다.

게다가 일로 얻은 후광들은 진짜 당신의 것이 아니다. 진정으로 빛을 발하는 것은 당신의 본질과, 당신이 이상적인 삶을 위해 추구하는 것들이다. 이것들에 집중해야 한다. 당신은 당신의 삶을 사랑해야 할 의무가 있다.

해고와 스스로를 동일시해서는 안 된다. 그저 해당 일에서 당신이 적임자가 아니라고 누군가가 판단했을 뿐이다. 이 일에서는 당신이 적임자가 아니었을지 모르지만, 다른 일에서는 누구보다 적합한 사람일 수 있다. 또는 그 회사의 성향이나 내부 인원들과 당신이 맞지 않았을 수도 있다. 아니면 회사가 잘못된 판단을 내렸을지도 모를 일이다. 이유야 어찌되었든 당신이 그 일을 하지 못하게 되었다고 해서 실패한 인생이라 생각하거나 좌절할 필요는 없다.

중요한 것은 일과 삶을 대하는 마음가짐이다. 압박에 시달릴 때 더 많은 성과를 내서 인정받으려고 스스로를 채찍질하지 말자. 당신에게는 '인정'이 아닌 스스로의 삶을 좀더 다채롭고 충실하게 살아내는 것이 필요하다.

모든 일이 그렇지만 삶에도 균형이 중요하다. 하루 24시간 가운데 여덟 시간은 일에, 여덟 시간은 휴식에, 나머지 여덟 시간은 삶에 집중해야 한다. 일과 생활, 휴식이 우리 인생의 3요소다. 세 가지 요소가 균형을 이룬 삶은 그 누구도 망가뜨릴 수 없다.

○○○○○○○○○○

일과 생활을 분리하자

퇴사는 마치 온라인게임의 로그아웃과 같다. 아무리 자신의 캐릭터를 사랑하고 그 안에서 뛰어난 성과를 내고 있다고 해도 로그아웃하면 내 현실과 분리되는 것이다. 다른 시공간의 존재가 현실에 영향을 끼치도록 내버려두어서는 안 된다.

자신을 치유하는 방법을 찾을 것,

이를테면 글쓰기

페이스북으로 자신을 독자라고 소개하는 C를 만났다. 그는 10년 전부터 내 글을 읽었다고, 힘들 때 큰 용기를 얻었다고 고백했다. 자신도 비슷한 일을 겪었다며, 앞이 보이지 않을 때 내 글을 더듬으며 한 걸음씩 나아갔다고 했다. 그는 휴대전화 메모장에 저장해놓은 내 글을 캡처해 보내주었다. 그 글에는 어려웠던 사정으로 미래가 불안해 부정적인 생각과 우울로 가득했던 대학 시절의 내가 그대로 드러났다. 스스로 불행하다고 느끼던 시절에 행복해지고 싶어 아등바등하며 쓴 글이 C를 위로했다니. 기분이 묘했다.

힘들 때는 잠시 멈추고 내면의 상처부터 지혈해야 한다. 마음을 달래고 삶에 부표가 되어줄 만한 요소들을 찾아보자.

당시 내 안에는 부정적인 생각으로 가득했다. 어둠에 짓눌려 질식하기 직전이었다. 그러던 그때 어두운 테이블 위에 작은 스탠드가 켜지듯, 눈앞에 번쩍이는 빛이 보였다. 비록 태양만큼 화려하고 크게 빛나지는 않지만, 그 가느다란 빛줄기는 나를 충분히 비추어주었고, 덕분에 내가 나락으로 떨어지지 않고 힘든 시절을 이겨낸 것 같다. 그 빛줄기는 바로 '글쓰기'였다. 독자 C가 보내준 그 글은 당시에 내가 블로그에 끼적거렸던 글들 가운데 하나다. 블로그로 연결된 사람들의 관심과 위로를 연료 삼아 꾸준히 글을 썼다. 당시에는 나에게 관심을 가지는 사람이 있다는 사실만으로도 큰 힘이 되었다. 그 랜선 친구들 덕분에 힘든 시기를 무사히 건너왔다.

처음으로 글을 쓴 것은 중학교 3학년 때였다. 당시도 꽤 힘든 시간을 보냈다. 내가 다니던 중학교는 입시 위주의 사립학교였는데, 대개 이런 학교에서는 시험 성적에 따라 학생에 대한 평가가 나뉜다. 성적이 좋지 않으면 벌도 받고 설교도 들어야 한다. 나는 그곳이 마치 지식의 무덤처럼 느껴졌고, 시험은 악몽 같았다. 매일이 지옥이니 자연스럽게 성적은 뚝 떨어졌다. 성적이 나쁜 학생으로 선생님 눈 밖에 나는 것은 시간 문제였다. 틈만 나면 체벌을 받았고, 내 자리는 교실 한쪽 구석으로 밀려났다. 다른 학생들에게 방해된다며 손을 들고 발표도 하지 말라는 지시를 받기도 했다.

선생이 대놓고 무시하는 학생은 친구들에게도 무시당하기 십상이다. 나는 고작 성적이 나쁘다는 이유로 마치 전염병 환자 취급을 받았다. 한 사람의 좋고 나쁨을 점수로 판단하고, 교사에게 무시당하고, 친구들과도 소원하다 보니 집에 돌아와도 부모에게 변변치 못하다며 꾸지람을 듣게 되었다. 덕분에 나는 학교에서도 울었고 집에서도 불행했다. 한창 예민한 사춘기 시기이다 보니 늘 창가에 기대 '몇 층 정도에서 떨어지면 한번에 깨끗하게 끝낼 수 있을까' 하는 극단적인 생각까지 하게 되었다. 내가 왜 존재해야 하는지, 어디로 가야 할지 몰랐다.

그때 내 손을 잡아준 유일한 선생이 한 분 계셨다. 책을 읽어보라며 추천 도서 목록을 직접 작성해 건네주시고, 글 쓰는 방법을 알려주시던 국어 선생님 덕분에 그 힘든 시기를 버틸 수 있었다.

그 선생님은 종종 큰 목소리로 내 작문 공책에 적힌 글을 교실에서 낭독해주셨다. 그때마다 내 글을 칭찬하며 친구들에게 박수쳐주라고 했다. 그 짧은 몇 초간의 박수 소리를 들으면 더는 아무것도 제대로 하지 못하는 어리석은 내가 아니라, 자신감 넘치고 글에 재주가 있는 재능 있는 나로 변하는 것 같았다. 그 유일한 희망에 의지해 글자의 세계에서 새 삶을 얻었다.

국어 선생이 선물해준 글쓰기라는 무기 덕분에 그 힘든 시기를 버텨내었다. 지금도 나는 들어주는 사람이 없을 때면 글을 쓰며 나 자신과 대화한다. 산문이든, 시든, 노랫말이든 어떤 형태든지 계속 써내려간다. 글로 마음을 표현하는 과정은 뒤엉킨 생각을 다시 정리하는 것과 같다. 위험한 상황이나 나를 짓누르는 고통 앞에 서면 누구나 살아갈 의지를 잃는다. 이럴 때 글쓰기 같은 창작활동이 도움이 되어줄 수 있다. 글쓰기뿐 아니라 그림 그리기, 사진 찍기 등 어떤 것이든 상관없다. 자신만의 방식으로 안전지대를 조성해야 한다.

인도 시인 라빈드라나트 타고르Rabindranath Tagore는 "세상은 고통으로 나에게 입맞춤했지만, 나는 노랫소리로 화답할 것이다"라는 말을 남겼다. 당신에게 고통을 준 세상에 가장 부드러운 방식으로 반격해보자. 자신만의 창작활동으로 스스로를 구하자.

게다가 이러한 창작활동은 비슷한 처지에 있는 타인을 격려

하는 용기가 되어주기도 한다. 마치 내가 쓴 글을 통해 힘든 시기를 이겨냈다고 고백했던 독자 C처럼 말이다. 나는 아름답지 않던 과거에 글을 써 치유받았고, 그 치유의 힘을 블로그에 올려 타인의 마음에 가닿았다. 이것이 세상에 베풀 수 있는 최고의 선의 아닐까.

스스로를 치유하는 방법을 찾자

어둠에 짓눌려 질식할 것만 같을 때 글쓰기와 같은 창작활동에 몰두해보자. 간단히 당시의 기분을 끄적거리는 것만으로도 서서히 회복할 수 있을 것이다.

당장
이루기 어려운

버킷리스트를
작성할 것

2016년 말, 나는 죽기 전까지 잊지 못할 일을 경험했다. 상사와 면담하고 퇴사를 결정한 날 저녁, 갑자기 초조함이 엄습했다. 그날 나는 잠을 이루지 못했고, 생각은 꼬리에 꼬리를 물었다.

'나 이제 뭐해야 하지?'

이렇게 뜬눈으로 지새울 바에야 차라리 자지 말고 자기소개서와 이력서를 써서 구직 사이트에 올려놓아야겠다는 생각이 들어 컴퓨터 앞에 앉았다. 구직 사이트에 접속해 경력 사항을 수정했다. 그러고는 몇 시간 잠을 청하지도 못하고 곧바로 출근길에 올랐다. 아직 퇴사하려면 시간이 좀 있지만 마무리를 잘하는 게 좋다고 생각했기 때문이다. 인수인계 자료를 만드는 데만

사흘은 족히 걸릴 것 같았다. 퇴사하기 직전까지 자료를 백업하고 문서를 작성했다.

나에게 자유는 곧 불안함과 동의어였다. 바쁘게 일하는 게 습관이 되어 있었고, 일이 없어도 할 일을 찾아서 해내는 편이었다. 한가하게 시간을 보내는 것은 있을 수 없는 일이라고 생각했다. 곰곰이 퇴사 후를 계획해보았다. 이제는 스스로 스케줄을 짜지 않으면 무한정 시간이 흘러가버릴 것 같았다. 그래서 곰곰이 생각해보았다. 늘 하고 싶었지만, 시간이 없어서 하지 못한 일이 뭐가 있을까 하고. 이른바 버킷리스트였다.

버킷리스트를 몇 가지 적어보았다. 일상에서 벗어나 휴식을 취하고 싶었고, 여행을 가고 싶었다. 그러다 우연히 독일에서 내가 좋아하는 록밴드의 콘서트가 열린다는 사실을 알았다. 당장 그 콘서트를 예매했고, 1월 표를 구할 수 있었다. 콘서트에 가기 위해 과감하게 독일 프랑크푸르트행 비행기 표까지 예약했다.

독일에서 묵은 숙소의 주인은 "왜 하필 죽은 도시처럼 변하는 겨울에 여행을 왔느냐"고 물었다. 이왕이면 여름에 오지 그러냐는 이야기도 덧붙였다. 간단하게 대답했다. "제가 좋아하는 밴드의 콘서트에 가서 목청껏 소리 지르려고요." 주인은 "정말 콘서트 하나 때문에 타이베이에서 프랑크푸르트까지 왔다는 소리요?"라며 놀란 눈으로 되물었다.

콘서트 당일, 나는 들뜬 마음을 주체할 수 없었다. 콘서트 장의 뜨거운 열기, 관객들의 함성과 홀을 가득 메운 박수소리, 조명이 내뿜는 뜨거움까지, 모든 것이 나를 들뜨게 했다. 내 앞자리에 있던 팬은 의자 위에 올라가 연신 머리를 흔들어댔다. 후렴구에서는 그 자리에 있던 모두가 합창했고, 그 순간 나는 그들과 한 팀이 되었다. 모두가 온 힘을 다해 소리를 지르고 노래를 불렀다. 지금까지 수많은 공연 실황 현장을 영상으로만 접했지, 내가 그 현장에 함께하는 날이 올 줄은 몰랐다. 그 사실만으로도 가슴이 뜨거워졌다. 콘서트가 끝나고 지하철을 타고 숙소로 돌아오는데, 길에 두 발이 닿지 못하고 공중에 붕 떠 있는 느낌이 들었다.

평소에 나는 신중한 편이라 모험을 즐기지 않는다. 언제나 성공 확률이 높은 쪽을 선택한다. 진학률이 높은 학교, 취업률이 높은 과, 안정적인 직장 등 선택을 앞두었을 때마다 늘 기준점을 '안정'에 두었다. 솔직히 말하면 실패를 감당할 용기가 없었기 때문이다. 지금처럼 뒷일을 생각하지 않고 퇴사한 뒤에 계획 없이 콘서트를 본다는 이유 하나만으로 비행기 티켓을 끊는 경험은 그때가 처음이었다.

누구나 버킷 리스트가 있어야 한다. 그것이 때로는 삶의 원동력이
된다.

버킷리스트 내용은 구체적일수록 좋다. 예를 들어 여행이라
면 어디로 갈지, 현지에서 가장 해보고 싶은 일은 무엇인지, 어
떤 계절과 시기에 가고 싶은지 최대한 자세하게 써보는 것이다.
버킷리스트는 마치 북극성처럼, 길을 잃었을 때 당신에게 방향
을 일러주는 길잡이가 되어줄 것이다. 만약 길을 잃었다면 당신
만의 북극성부터 찾으면 된다.

독일로 여행을 갔던 그해에 나는 서른두 살이었다. 책임감 있
는 성숙한 어른이 되기 위해 나는 늘 다른 사람의 기분을 살폈
고, 미래를 고민했으며, 모든 방면을 두루두루 잘 생각하려 노
력했다. 다른 사람이 무엇을 필요로 하는지 먼저 배려하려 노력
했지만 정작 나 스스로의 마음을 살피고 배려하는 법은 잊고 살
았다. 그 시기에 퇴사는 오히려 내게 새로운 전환점이 되었다.
덕분에 한 템포 쉬어갔고, 그 경험을 바탕으로 다시 시작할 기
운을 얻었으니까. 과감히 실행에 옮기면 막다른 길에 다다르더

라도 돌파할 결심이 생긴다.

　한번은 오랫동안 보지 못했던 친구 R을 만났다. 당시 그는 일에 파묻혀 사는 것이 힘들다며 퇴사를 고려하고 있었다. 인생의 방향을 잡지 못하고 혼란스러워하던 R이 내게 질문을 던졌다.

　"삶의 원동력을 어디에 두어야 할까? 아무래도 돈을 좇아야 하는 것일까?"

　"아니. 돈은 먹고살 만큼만 있으면 돼. 나는 너무 아득히 먼 미래는 상상이 안 돼. 그저 착실하게 작은 염원들을 하나하나 실현하면서 이상에서 멀어지지 않는 것으로 만족해."

　삶의 방향을 잃었을 때 버킷리스트를 들여다보자. 버킷리스트에는 평생의 염원 같은 것들은 적어두지 않는 편이 낫다. 1년, 3년, 10년 단위로 나누어서 각각의 할 일을 열 가지만 적어놓는다. 한 가지를 완수할 때마다 빨간색 펜으로 밑줄을 그어보자. 마치 마음속에 불꽃이 터지는 듯한 희열을 느낄 수 있을 것이다. 그 밑줄이 하나하나 늘어날 때마다 삶이란 얼마나 멋진지 생각하게 된다. 설사 실패하더라도 괜찮다. 다시 도전하면 되니까. 아직 나에게는 기회가 많고, 지금 이렇게 노력하고 있으니 언제든 이룰 수 있다고 기대할 만하다.

　가장 절망적인 순간에도 스스로에게 희망과 용기를 불어넣어야 한다. 그러면 조금씩 나아지는 자신을 점점 더 사랑하게 될 것이다. 이런 모습이 흔히 이야기하는 삶의 원동력이다.

지금도 힘이 들 때면 종종 저장해두었던 콘서트장 영상을 감상한다. 그날의 경험은 내가 역경을 딛고 일어서는 원동력이 되어주었다. 그 꿈만 같던 독일 여행을 마치고 돌아온 나는 이전의 나와 같은 사람이 아니었다. 스스로의 문제를 직시할 수 있을 만큼 성장한 내 모습을 발견할 수 있었다. 이후 안정적인 선택에서 벗어나 새롭게 도전할 결심이 섰다.

이제 나는 무엇이 성숙함인지 깨달았다. 성숙함이란 나쁜 결과라도 기꺼이 받아들이며 스스로의 한계를 뛰어넘는 용기를 가지는 것이다. 그 힘의 원천은 바로 '자신과의 약속을 반드시 지키는 것'에 있다.

버킷리스트를 만들고 이루는 것은 어른의 특권

1년, 3년, 10년 단위로 버킷리스트를 계획해보자. 한 가지를 완수할 때마다 마음속에 희열이 일어날 것이다. 그리고 삶이란 얼마나 멋진지 생각하게 될 것이다.

남의
기준에

자신을
맞추지 말 것

고향 타이난에서 중심부인 타이베이로 온 지 얼마 되지 않았을 때, 내 말투에는 타이난 사투리가 섞여 있었다. 친구들이 내 앞에서 자꾸만 내 말투를 흉내내었고, 장난기 어린 말투로 고향에서 소를 키우는지, 밥을 할 때는 아궁이에 장작을 때는지 물었다. 한번은 한 친구가 나에게 "촌놈!"이라고 외친 뒤에 깔깔거렸다. 분위기는 단번에 냉랭해졌고, 다른 친구가 이를 수습해보려고 한마디했다.

"시골이 얼마나 좋은데 그런 말을 하냐. 촌은 만물이 자라나는 곳이잖아. 그런 곳에서 자라났으니 너는 그만큼 포용력이 좋은 거야. 그러니 저런 말쯤은 그냥 웃어넘겨."

덕분에 나는 아무렇지 않은 척하며 상대의 농담을 장난으로 받아주는 역할을 해야 했다. 그 자리에서 마지못해 웃었지만, 집에 돌아오는 길은 너무나 괴로웠다. 이후 사투리 억양을 고치기 위해 시간을 들여 표준어를 연습하고, 타이베이 사람들의 언행과 일상을 흉내냈다. 어느 정도 말투를 고친 덕분에 이후의 나의 삶은 조금 수월해졌다.

누군가 내게 타지에서 가장 힘든 점이 무엇인지 묻는다면 나는 곧바로 '나를 이방인 취급하는 환경'이라고 대답할 것이다. 자아 정체성을 찾는 것은 매우 고된 과정이다. 남들과 섞이지 못할까 두려워 다른 사람의 말투나 가치관, 생활방식을 유심히 관찰해 따라하고, 내가 나고 자라며 알게 모르게 익힌 특유의 습성을 제거하려 노력했다.

문제는 고향에서조차 이방인 취급을 받는 경우가 생겼다는 것이다. 한번은 어머니와 함께 시장에 갔다가 한 상인에게 이런 말을 들었다.

"학생은 어디 출신이야? 말투를 보아하니 타이난 사람 같지는 않은데."

나는 말투와 함께 정체성을 잃어버린 것이다. 정말 웃어야 할지 울어야 할지 모를 기분이 들었다.

영화 〈그린북Green Book〉 속 주인공인 돈 셜리Don Shirley는 체육관
에서 낯선 사람에게 흠씩 두들겨 맞아 온통 피범벅이 된 얼굴로
한쪽 구석에 움츠리고 온몸을 떨며 이렇게 말한다.

"내가 흑인답지도 않고, 백인답지도 않고, 남자답지도 않으
면 나는 도대체 누구죠?"

나 역시 돈 셜리가 된 기분이 들었다. 그들을 흉내낸다고 해
서 그들과 같은 부류가 될 수는 없었다.

진정으로 신경 써야 하는 것은 다른 사람들의 시선이 아니라 자신
의 내면이다. 주류에 굴복해 변화하면 은연중에 열등감을 드러내
게 된다.

이제는 어설프게 표준어를 구사하려 노력하지 않는다. 내 말
투가 아닌 말에 담긴 생각이 더 중요하다는 사실을 알기 때문
이다. 이제 내가 어디 출신인지 인식하고 있으며, 이를 자랑스
럽게 생각한다. 전처럼 내 말투를 흉내내며 장난을 치는 사람을
만나면 지역에 우열은 없으며, 언어의 문화와 생활이 다를 뿐임
을 분명하게 밝힌다. 서로 다른 문화에 대해 논의하고 토론으로
나아갈 때도 있다. 여기까지 나아가면 대부분 자신의 잘못을 인

정한다.

지역과 출신에는 우열이 없다. 그저 한 지역의 발음을 '표준'으로 삼았을 뿐이다. 누군가가 정한 '표준'에 부합하기 위해 스스로를 깎고 다듬을 필요가 전혀 없다. 그리고 그렇게 다듬어서 세상이 원하는 표준에 가까워진다고 해도 결국 모방은 모방일 뿐이다. 모방이 되느니 차라리 독창적이고 유일한 자신이 되는 편이 낫지 않겠는가.

사람은 누구나 유일무이한 존재다

어떤 특정 가치관에 영합할 필요는 없다. 일부러 맞출수록 어리석음만 드러날 뿐이다.

과거를
회상하고

자꾸 되뇌는
습관은 버릴 것

세상이 뭔가 나를 부정하는 느낌이 들 정도로 되는 일이 없는 때가 있다. 내가 대학을 졸업하고 대학원 준비를 하던 때가 그랬다. 하는 일 족족 막힘이 있었다. 얻는 것은 하나 없고 잃는 것만 많은 기분이었다. '이렇게 지내는 건 아닌 것 같다.' 나는 몸을 피곤하게 만들기로 했다. 아침 저녁으로 달렸고, 닥치는 대로 책을 읽고, 글을 썼고, 사람을 만났다. 복잡하게 뒤엉킨 머릿속을 조금이라도 차분하게 만들어야 겠다는 생각에서였다.

그러던 어느 날, 가장 친한 친구의 사망 소식을 접하게 되었다. 놀란 나는 충격에 손발이 떨렸다. 빈소에 도착해, 며칠 전까지만 해도 함께 이야기를 나누던 친구의 영정사진을 하염없이 바라보기만 해야 했다. 이제 막 대학을 졸업한 친구가 이렇게 가야만 했던 이유를 납득할 수 없었다.

그 날 이후로 나는 완전히 무너졌다. 자꾸만 눈물이 흘러나왔다. 친구에게 해주고 싶었지만 미처 하지 못한 이야기들, 그리고 결코 다시 볼 수 없을 친구의 웃음소리 등 모든 상황들이 내 머릿속을 만신창이로 만들어놓았다. 나는 어두운 마음의 동굴 속을 파고드는 것처럼 집에만 박혀 있었다. 친구의 죽음은 내가 어릴 때 경험한 괴로움, 커서 깨달은 현실의 잔혹함 등 꽁꽁 묶어두었던 막연한 불안을 깨웠다.

결국 수면장애로 치료를 받아야 하는 상황에 이르렀다. 그러나 마음을 털어놓을 사람 없이, 다른 사람의 지시대로 약을 먹고 지내야 하는 상황은 마음에 불안감을 더욱 키웠다. 날이 갈수록 먹어야 하는 약의 개수만 늘어갔지, 나는 여전히 동굴 속에서 나오지 못하고 있었다.

"잠이 안 올 때는 무엇을 하세요?"

의사 선생이 물었다. 나는 생각을 한다고 말했다.

"어떤 생각을 해요?"

"왜 나는 이렇게 실패했나 하는 생각이요."

아직 친구와의 이별을 받아들이지도 못했는데, 실패의 쓴맛

을 삼키지도 못했는데 불행이 연이어 닥치는 것 같았다. 내가
철저하게 망가지는 기분이었다. 잠 한번 제대로 자지도 못하는
내가 실패한 인생 같았다.

그 후 2년간 적극적으로 몸과 마음을 치료하기 위해 노력했
다. 심리상담도 받았고, 종교에 심취해보기도 하고, 최면요법도
시도해보았다. 모두 내 불행의 시작이 어디인지 찾기 위한 노력
이었다. 이 모든 시도가 절대적으로 유용했다고 말할 수는 없지
만, 조금씩 나 자신을 드러내게끔 도와주는 요소는 되어주었다.
덕분에 오랜 시간에 걸쳐 자잘한 아픔들이 쌓여 병이 되었음을
알게 되었다.

그간 나는 학교에서, 집에서, 직장에서, 사회에서 받은 여러
가지 고통을 전부 가슴속에 쌓아두고 살았다. 시간이 지나면 짐
을 벗어버려야 하는데, 나는 허약한 주제에 입에 거품을 물고
쓰러질 지경이면서도 어깨 위에 짊어진 무거운 짐들을 내려놓
을 생각조차 하지 않았다. 내 불행의 시작을 깨닫고 나니 점차
회복 단계에 이르게 되었다. 새로운 일자리도 얻고, 삶을 다시
정상 궤도에 올려놓을 수 있었다. 불면증도 점차 회복되었다.

과거에 고집스럽게 매달리지 말자. 과거의 생각에서 벗어나지 못

하면 그 생각 안에 갇혀 살 수밖에 없게 된다.

이제 나는 과거를 회상하고 자꾸만 되뇌는 나쁜 습관과 이별했다. 과거의 즐겁거나 즐겁지 않은 기억에 집착하지 않고, 새로운 인연들에 좀더 마음을 쏟는다. 떠나간 친구가 그리워질 때도 있지만 그 기억에 집착하며 살지는 않는다. **내가 슬퍼하는 것을 그 친구가 원하지 않을 테니 말이다.** 이제 나에게 남은 것은 그 친구와의 즐거운 추억뿐이다.

나쁜 기억, 후회 같은 것들을 이제는 과감하게 버려버리자. 실연당했다면 다른 사람들이 안겨준 즐거움을 떠올려보고, 누군가와 다투었다면 나를 즐겁게 해주는 요소들을 생각한다. 일이 잘 풀리지 않을 때는 나에게 성취감을 주는 다른 것을 찾는다. 결국 스스로를 구원할 수 있는 사람은 자기 자신 뿐이다.

즐거움을 복제하자

뇌는 떠오르는 생각을 반복하는 경향이 있다. 불행을 반복하면 불행해지고, 기쁨을 반복하면 기뻐진다. 즐거운 감정, 사랑하는 사람, 좋아하는 일, 선호하는 취미 등을 자꾸만 떠올려보자. 인생에서 가장 즐거운 일들을 계속 경험하자.

마치며

모두에게
웃지 않아도 된다

우리는 서로를 특별히 위할 필요도 없고, 서로에게 방해가 되어서도 안 된다. 이것이 성숙한 어른으로 거듭난 내가 사람들을 대하는 태도다. 상황에 따라 대립각을 세우거나 선을 그을 수는 있어도, 일부러 상처를 주어서는 안 된다. 각자의 삶 속에서 평안히 지내며 서로의 소중함을 깨닫는 것이 서로를 옭아매는 것보다 낫다. 이것이 관계를 위한 올바른 자세다.

　이제 나는 변함없이 함께하는 관계가 얼마나 소중한지 안다. 그리고 가족, 친구, 독자 등 나를 품어주고 이끌어주고 성장할 때까지 인내심을 가지고 기다려주는 사람들이 있음을 안다. 내게 타인을 이끌어줄 지혜와 용기가 있다면, 모두 그들이 나에게

준 것이다. 그리고 이제는 내 삶에서 사라진 관계들에게도 감사하다. 울고불고 야단이던 과거의 내가 없었다면 내게 날개가 있다는 사실을 깨닫지 못했을 것이다.

군자는 좋은 사람을 골라 사귄다고 했다. 인간관계는 종속되는 굴레가 아닌 해소되는 출구가 되어야 한다. 모든 만남과 헤어짐에는 때가 있고, 그 어떤 관계도 평생 이어지지는 않는다. 그저 양심에 부끄럽지만 않으면 괜찮다. 친절은 내게 가치 있는 사람들에게 베풀면 된다. 이 책을 통해 당신이 얽히고설킨 관계를 내려놓고 맺어야 할 때와 끊어야 할 때를 알며, 아름답게 마무리하는 연습을 할 수 있기를 바란다.

옮긴이 **남명은**

중국 화동사범대학교 대외한어과, 한국외국어대학교 통번역대학원 한중과를 졸업했다. 현재
번역집단 실크로드 소속 번역가 겸 프리랜서 통번역사로 활동하고 있다. 옮긴 책으로 《하버드
집중력 수업》이 있다.

당신의 관계에 정리가 필요할 때

초판 발행 · 2021년 6월 21일

지은이 · 윌리엄 쩡
옮긴이 · 남명은
발행인 · 이종원
발행처 · (주)도서출판 길벗
브랜드 · 더퀘스트
출판사 등록일 · 1990년 12월 24일
주소 · 서울시 마포구 월드컵로 10길 56(서교동)
대표 전화 · 02)332-0931 | **팩스** · 02)323-0586
홈페이지 · www.gilbut.co.kr | **이메일** · gilbut@gilbut.co.kr

기획 및 편집 · 송은경(eun3850@gilbut.co.kr), 김세원, 유예진, 오수영 | **제작** · 이준호, 손일순, 이진혁
마케팅 · 정경원, 최명주, 김진영, 장세진 | **영업관리** · 김명자 | **독자지원** · 송혜란, 윤정아

교정교열 · 이지은 | **디자인** · 어나더페이퍼
CTP 출력 및 인쇄 · 북토리 | **제본** · 신정문화사

ISBN 979-11-6521-569-9 (03190)
(길벗 도서번호 090178)

정가 16,000원

독자의 1초를 아껴주는 정성 길벗출판사
길벗 | IT실용, IT/일반 수험서, IT전문서, 경제실용서, 취미실용서, 건강실용서, 자녀교육서
더퀘스트 | 인문교양서, 비즈니스서
길벗이지톡 | 어학단행본, 어학수험서
길벗스쿨 | 국어학습서, 수학학습서, 유아학습서, 어학학습서, 어린이교양서, 교과서